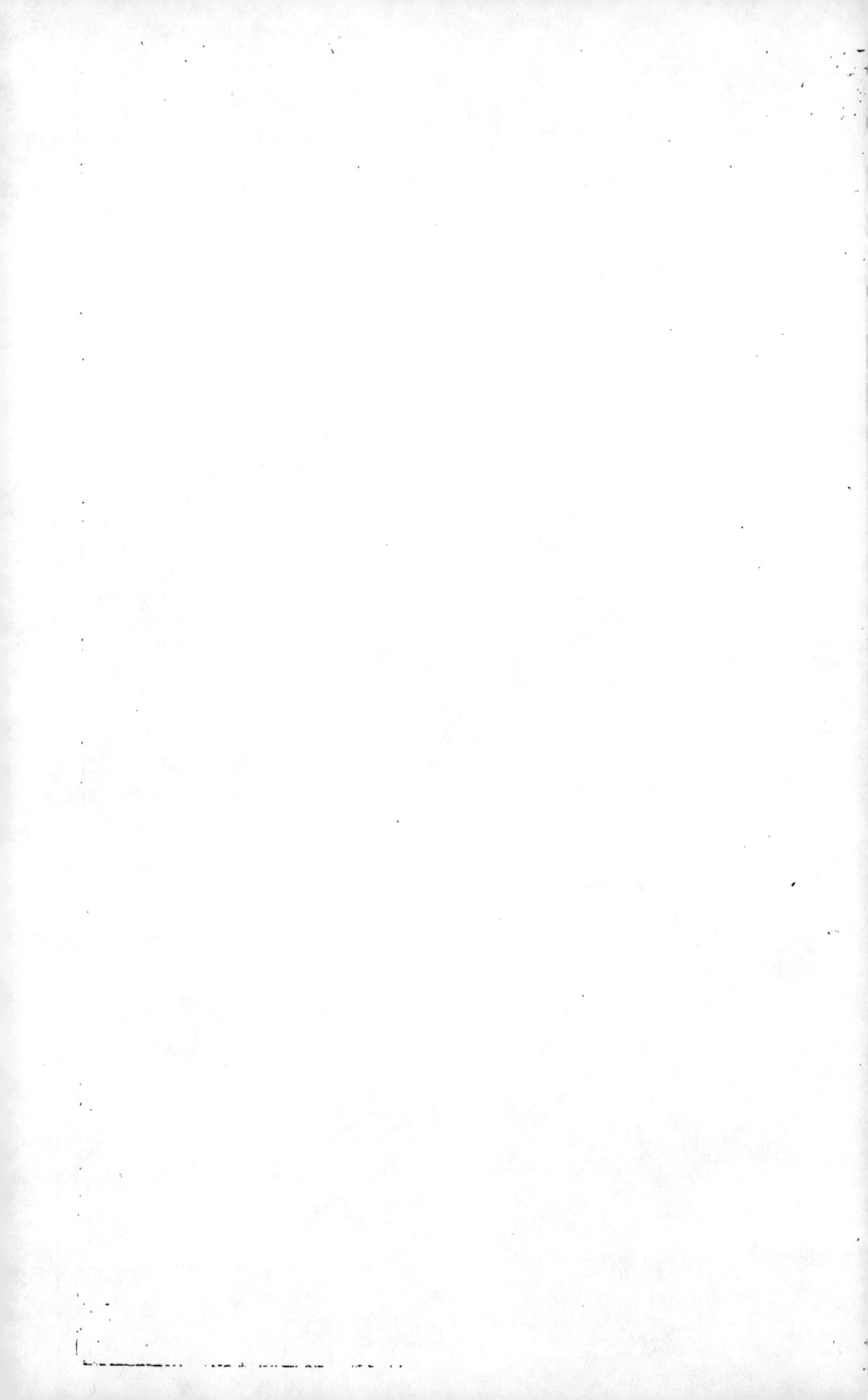

Lieutenant-Colonel MONTEIL

UNE PAGE D'HISTOIRE MILITAIRE COLONIALE

La Colonne de Kong

PARIS

Henri CHARLES-LAVAUZELLE

ÉDITEUR MILITAIRE

10, rue Danton, boulevard Saint-Germain, 118

LA COLONNE DE KONG

Lieutenant-Colonel **MONTEIL**

UNE PAGE D'HISTOIRE MILITAIRE COLONIALE

La Colonne de Kong

PARIS

Henri CHARLES-LAVAUZELLE

Éditeur militaire

10, Rue Danton, Boulevard Saint-Germain, 118

(MÊME MAISON A LIMOGES)

Mon Colonel,

Je vous remercie de m'avoir communiqué le journal de guerre de la sanglante colonne de Kong que vous avez commandée en 1895 contre les sofas de Samory.

Je ne connais rien de plus saisissant que cette marche glorieuse d'une poignée d'hommes enveloppée par des adversaires trente fois plus nombreux, acharnés à lui barrer la route, enragés par l'espoir toujours déçu de sa totale destruction. Le féroce chef noir, dont le prestige, déjà grandi par ses luttes répétées et son indomptable opiniâtreté, serait devenu irrésistible après le désastre d'une expédition française, croyait tenir cette incroyable fortune ; avec le coup d'œil, avec toute l'énergie belliqueuse dont son âme politique était pleine, il ne voulut, à aucun prix, manquer l'occasion unique. Aussi redoublait-il d'efforts inouïs, imposant à ses hommes d'énormes fatigues, les sacrifiant sans trève ni pitié pour atteindre le but suprême de son ambition.

Du 3 au 17 mars, chaque jour, chaque heure, les attaques dirigées à fond, renouvelées jusque dans la nuit, épuisèrent nos maigres effectifs. En deux semaines, la colonne parcourut 200 kilomètres, livrant 18 combats victorieux qui finirent par lasser l'ardeur d'un ennemi implacable. Malgré ses fusils à tir rapide, malgré sa discipline que réglaient d'anciens déserteurs de notre drapeau et qui doublait les qualités redoutables des soldats de Samory, vous avez passé et triomphé, toujours à la veille d'être écrasé, toujours maître du terrain, de vos mouvements et de la route qui était votre unique chance de salut.

Aucun épisode de nos conquêtes coloniales ne laisse une plus grande impression d'héroïsme, de volonté imperturbable, de vigueur et de sang-froid. Dans sa sobriété commandée, qui se défend de toute émotion, de toute description pittoresque, l'impartial récit que vous avez signé paraît encore plus dramatique. Je regrette de voir qu'il soit encore inconnu et vous rendriez un véritable service à l'esprit national en le lui révélant. Le lecteur y trouvera avec joie, combattant sous vos ordres, Marchand et Baratier, dont les noms lui sont chers. L'histoire de notre armée, tant calomniée par les sans-patrie, mérite que vous lui rendiez ce public hommage.

En vous exprimant une fois de plus ma reconnaissance pour l'heure de vie et de fierté que la lecture de votre tragique manuscrit m'a donnée, je vous prie de croire à mes sentiments les plus dévoués,

Ernest JUDET.

Ce 21 mars 1902.

MON CHER AMI,

Vous me signalez un devoir, je l'accomplis.

L'opinion publique n'a connu de la colonne de Kong que les polémiques qu'elle a suscitées, polémiques intéressées de la part de ceux qui les ont fait naître, et qui les ont entretenues en dehors de moi-même ou de mes officiers.

Avec raison vous me faites observer que je dois aux braves soldats qui ont valeureusement combattu sous mes ordres une réparation. Le *Journal officiel*, en effet, n'a pas publié, ainsi qu'il est de coutume pour les expéditions coloniales, les bulletins de la colonne de Kong. Cette omission je dois la réparer, car les actes d'endurance et souvent d'héroïsme de cette dure campagne constituent pour ceux qui les ont accomplis leur patrimoine de soldat, comme ils sont aussi une partie du patrimoine d'honneur de la nation.

J'ai voulu que le livre qui va suivre soit un récit d'actions de guerre; les documents qu'il renferme ne peuvent être suspectés, ils ont été portés, sur le terrain même des opérations, à la connaissance des troupes.

A procéder différemment j'aurais craint de me laisser entraîner à des récriminations que je juge inutiles à l'intérêt du pays. J'ai voulu me borner à écrire une page d'histoire militaire.

Si depuis longtemps les qualificatifs d'échec, de déroute, etc., un moment usités par les stratèges de Chambre et d'antichambre, ont cessé d'être employés pour la colonne de Kong, il est juste que le grand public, mieux instruit des faits réels, apprenne par des preuves irréfutables que les officiers et soldats qui à la suite de la colonne de Kong l'ont obtenue, peuvent porter avec fierté à la médaille coloniale l'agrafe « Côte-d'Ivoire ». Ils l'ont noblement gagnée.

Encore merci, mon cher ami, de m'avoir fait souvenir qu'une parcelle quelque infime de gloire, c'est encore la gloire de la France.

P.-L. Monteil.

LA COLONNE DE KONG

1

Son objet. — Préparation. — Pacification de la Côte d'Ivoire. — Affaire de Bounoua. — Insurrection du Baoulé.

Le 21 août 1894, la colonne du Haut-Oubanghi recevait l'ordre de se rendre à Grand-Bassam pour entrer en opérations contre les bandes de Samory dans la direction de Kong.

Placée sous le commandement du lieutenant-colonel Monteil, la colonne du Haut-Oubanghi avait, initialement, pour but d'occuper Fashoda. (Voir appendices, annexe 1.) En vertu des instructions ministérielles modifiant sa mission primitive, elle quittait Loango le 3 septembre 1894 et arrivait à Grand-Bassam le 12 septembre.

La Côte d'Ivoire, dont Grand-Bassam était la capitale, n'avait pas d'histoire.

Nos établissements à la côte du Bénin avaient été délaissés depuis 1870. En 1884, on les avait rattachés pour la forme aux Rivières du Sud, et seulement en 1893 on avait créé un gouvernement distinct de la Côte d'Ivoire. On vantait volontiers, dans les milieux coloniaux, les moyens pacifiques mis en œuvre pour établir sur cette vaste contrée notre domination.

Le premier gouverneur de la Côte d'Ivoire, M. Binger, célèbre par son exploration de la boucle du Niger, était en congé en France au moment de l'arrivée de la colonne à Grand-Bassam. C'était sur son insistance auprès du gouvernement que la colonne du Haut-Oubanghi avait été dirigée sur Grand-Bassam. Non point que la colonie elle-même eût besoin d'être pacifiée, il était reconnu et avéré que les quelques miliciens à la solde de la colonie suffisaient pour assurer sur tous les points la sécurité des agents de l'administration. Mais un danger menaçait au nord la colonie naissante. Ce danger provenait de la présence de Samory et de ses bandes pillardes dans les pays situés entre Bandama et Comoé.

Samory, battu par nos colonnes et chassé du bassin du Niger, s'était enfui vers le sud, ravageant tout sur son passage. Au mois d'août 1894, il était signalé menaçant le pays de Kong, le Djimini et le Djamala. Or ces pays s'étaient placés sous notre protectorat par des actes qu'ils avaient acceptés du capitaine Binger, et ils faisaient appel à notre protection, que nous ne pouvions leur refuser. La situation semblait donc fort nette. La colonne de Kong avait un but précis : secourir des populations vis-à-vis desquelles nous étions liés par des engagements formels.

L'influence française avait d'ailleurs fait des progrès sérieux dans ces contrées, grâce aux belles explorations du capitaine Marchand dans la vallée du Bandama jusqu'à Kong.

Parti de France en 1893, le capitaine Marchand avait été chargé d'étudier les contrées comprises entre la Côte d'Ivoire et les derniers postes du bassin du Niger occupés par nous.

Arrivé à Grand-Bassam en mars 1893, Marchand choisit pour sa pénétration la vallée du Bandama. Dès le début, il se heurta à l'hostilité du village de Thiassalé, qu'il enleva brillamment. Malheureusement, quelques jours après, il perdait son compagnon et ami le capitaine Manet, qui se noya dans les rapides du Bandama (1).

Retenu par la maladie, Marchand ne put continuer sa route qu'en septembre; il remonta à Toumodi, poussa une pointe au pays des Gouros, puis atteignit Bouaké, où il recueillit des renseignements sur la mort du capitaine Ménard.

Ayant gagné Sameni, où il prit contact avec les avant-postes de Samory, Marchand atteignit péniblement Tengréla, le 12 février 1894, ayant ainsi opéré la jonction du Soudan et de la Côte d'Ivoire.

---

(1) Voir *Almanach du Marsouin*, 1897 (Lavauzelle, éditeur).

Apprenant alors que Samory menaçait Kong, pays placé sous notre protectorat, Marchand s'y rendit; il entra dans la ville, après des tribulations multiples, le 30 avril, et la mit en état de défense.

* *
*

Après avoir laissé à Kong une garnison de 15 hommes sous les ordres de Bailly, revenant vers les postes qu'il avait fait créer par l'administration locale de la Côte d'Ivoire à Kadiokofi et Toumodi, Marchand s'apercevait du danger qui menaçait nos protégés en même temps que la colonie. Il jeta le cri d'alarme, demandant deux compagnies pour s'opposer à la marche de Samory.

Le gouverneur Binger, fort des indications que lui donnait l'administration locale d'une part, s'appuyant sur l'autorité du capitaine Marchand d'autre part, décida le Gouvernement à envoyer à la Côte d'Ivoire la colonne désormais sans objet du Haut-Oubanghi avec la mission de protéger le Djimini, le Djamala et le pays de Kong.

C'était une action immédiate à engager, car les appels de détresse étaient pressants ; la colonne devait donc pouvoir entrer immédiatement en opérations.

Or la colonne de Kong, débarquée à Grand-Bassam le 12 septembre, n'a commencé l'exécution de ses instructions que le 21 février 1895, c'est-à-dire cinq mois après son arrivée à la Côte d'Ivoire.

Qu'a-t-elle fait pendant ce temps ?

Elle a pacifié la colonie de la Côte d'Ivoire. Sa mission proclamée hautement n'était qu'un prétexte; le Gouvernement a été sciemment trompé par l'administration de la colonie. Si la colonne n'était pas arrivée à Grand-Bassam en septembre, un mois après il ne fût pas resté le moindre vestige de la florissante et pacifique colonie de la Côte d'Ivoire.

Partout une révolte sourde grondait, qui n'attendait qu'un signal pour éclater. L'administration était impuissante à résister à ce mouvement; les quelques miliciens qu'elle possédait étaient des forbans indisciplinés.

Deux jours avant l'arrivée de la colonne, le gouverneur intérimaire était assiégé dans son palais par les miliciens révoltés.

Les factoreries étaient fermées et barricadées, redoutant, à la fois, l'attaque des gens de l'Akapless et les pillages des miliciens. Dans l'Indénié, à la suite d'un insuccès marqué, les postes avaient été abandonnés et les garnisons avaient fait retour à Grand-Bassam; les Boubouris, les gens d'Alopo, de Jacqueville, de Grand-Lahou, de Yocouboué avaient commis tous les méfaits, assassinat d'administrateurs, pillages de factoreries, ils n'avaient point été châtiés. Cette situation n'était pas à la connaissance du Ministre.

A peine arrivé, dans une série de télégrammes, le commandant supérieur fit son devoir en renseignant le Ministre; après avoir dépeint sous son véritable aspect la siuation politique, il concluait : *La colonne actuelle est moins destinée à éloigner danger Samory que pacifier colonie elle-même* ». Il demandait la mise en état de siège et les pouvoirs les plus étendus.

Il ne lui fut pas répondu.

On accrédita habilement en France la légende que la colonne soulevait contre notre domination, par ses exactions, le sentiment de ces *pacifiques* populations. La légende fut acceptée. L'histoire brève qui va suivre en démontrera la valeur. Mais un fait précis doit être dès maintenant retenu, c'est que la pacification fut accomplie, après les affaires de l'Akapless qui pacifièrent l'Indénié et la vallée du Comoé; après les affaires du Baoulé, qui pacifièrent la vallée du Bandama, et lorsqu'enfin la colonne, libre de ses mouvements, put aborder sa tâche véritable, celle qui uniquement avait motivé officiellement son envoi à la Côte d'Ivoire, c'est-à-dire entrer en opérations contre les bandes de Samory dans la direction de Kong, la colonne de Kong fut dissoute. Le câblogramme ministériel est daté de Paris 18 février. La colonne a quitté Kodiokofi pour entreprendre son raid contre Samory le 21 février. Le câblogramme ministériel n'est parvenu au commandant supérieur que le 17 mars. (Voir ci-après bulletin des opérations.)

*_**

La colonne du Haut-Oubanghi arrivait à Grand-Bassam le 12 septembre, complètement désorganisée. C'était là une faute grave, qui devait l'immobiliser pendant de longs mois.

Le commandant supérieur avait dû laisser une compagnie à Loango, puis une autre à Kotonou, qui reprenait ensuite la direction du Congo. Les services avaient été amputés, tronçonnés, alors qu'il eût été si simple d'envoyer directement deux compagnies au Congo avec les services nécessaires pour assurer l'organisation du Haut-Oubanghi. Le commandant supérieur le demanda sans succès.

La colonne de Kong fut organisée de Paris; ses effectifs lui furent envoyés du Sénégal et du Dahomey; les animaux, d'Algérie et du Sénégal; ses vivres et son matériel, de France.

Le commandant supérieur ne voulut prendre sur lui de proposer un plan de campagne qu'après avoir vu le capitaine Marchand. Celui-ci, prévenu de l'arrivée de la colonne, fit diligence pour accourir du fond du Baoulé; le 21 septembre il arrivait à Grand-Bassam se mettre à la disposition du commandant supérieur, à l'état-major duquel il fut attaché.

Sur ses indications précises concernant la topographie de la région, les ressources en vivres et pour le service du ravitaillement, le commandant supérieur proposa au Gouvernement la vallée du Bandama comme ligne d'opérations, Grand-Lahou comme base d'opérations sur la mer et comme point de débarquement pour tout le personnel et le matériel à envoyer à la colonne.

Ce plan ne fut jamais accepté qu'à contre gré par les bureaux du ministère des Colonies; tous les obstacles furent mis à son exécution.

Presque tous les navires déchargèrent à Grand-Bassam, malgré les protestations réitérées du chef de la colonne; il fallut, par des moyens de fortune très onéreux, tout ramener sur Grand-Lahou (150 kilomètres environ de Grand-Bassam).

Le commandant supérieur avait demandé : un bataillon de quatre compagnies pour former la colonne active ;

Deux autres compagnies pour garder la ligne de ravitaillement (de Grand-Lahou à Kodiokofi, environ 300 kilomètres).

En outre :

Deux sections de 80 millimètres de montagne pour remplacer sa batterie de 42 millimètres, reconnue insuffisante ;

Un demi-escadron de spahis ;

40 chevaux pour la remonte des officiers ;

200 mulets pour les convois ;

Une chaloupe à vapeur et des chalands pour le ravitaillement par la rivière ;

Des surfboats (grandes baleinières) pour le passage de la barre.

La première compagnie expédiée du Sénégal (13ᵉ compagnie) arriva le 14 octobre à Grand-Bassam, soit plus d'un mois après le débarquement du commandant supérieur; la 14ᵉ compagnie arriva le 4 novembre; la 15ᵉ compagnie arriva le 22 novembre.

Ces trois compagnies étaient de formation récente; les hommes n'avaient pas quinze jours de service. Elles venaient du Sénégal.

Du Dahomey vinrent la 4ᵉ haoussa, le 28 octobre, puis la 2ᵉ haoussa, le 27 novembre. Cette dernière compagnie, à l'effectif de 100 hommes, était destinée à renforcer les effectifs de la colonne, réduits par l'affaire de Bounoua (9 novembre).

Les arrivées de vivres et de matériel s'échelonnent du 4 novembre au 13 décembre.

Pendant ce temps, l'activité de la colonne expéditionnaire et surtout de son état-major se manifeste sous toutes les formes : reconnaissance, ouvertures de routes en forêt vierge, opérations de débarquement, de transbordement, etc.

Dès le 6 octobre, le commandant Caudrelier part de Grand-Bassam pour prendre le commandant supérieur de la région du Baoulé, avec une compagnie (la 9ᵉ) destinée à occuper Thiassalé et Toumodi.

Un peloton de la 10ᵉ est dirigé le long de la côte pour assurer la construction de la ligne télégraphique de Grand-Bassam à Grand-Lahou.

Le 24 octobre, le commandant supérieur et son état-major se portent sur Grand-Lahou, laissant le commandant Pineau, chef d'état-major de la colonne, pour achever l'évacuation de Grand-Bassam. Il s'agit de prendre des dispositions sur place pour le débarquement des animaux (voir appendices, annexe IV).

Le 27 octobre commence la concentration sur Thiassalé. Il ne reste plus à Grand-Bassam qu'une demi-compagnie, quand des troubles sérieux se manifestent au chef-lieu même de la colonie qui font craindre une insurrection grave, qui n'attend, pour éclater, que le départ des dernières fractions de la colonne.

Le Gouverneur demande le secours de la colonne pour réduire les gens de l'Akapless (15 kilomètres de Grand-Bassam); le commandant supérieur provoque les ordres du Ministre et, en conformité de ceux-ci, une colonne expéditionnaire est formée sous les ordres du commandant Pineau. Pour sa constitution, le commandant supérieur est obligé de faire rentrer à Grand-Bassam les éléments qui sont en voie de concentration sur Thiassalé.

Le 9 novembre, la colonne Pineau se porte sur Bounoua, capitale de l'Akapless. L'affaire est des plus sérieuses; l'attaque de la position, formidablement retranchée en pleine forêt vierge, est des plus difficiles, parce que les colonnes d'assaut ne peuvent se présenter que sur un front restreint (voir appendices, annexe III). En quelques minutes, nos pertes sont énormes et atteignent près de la moitié de l'effectif. Tous les officiers sont blessés ou contusionnés, y compris le commandant Pineau. Les lieutenants Hutin, officier d'ordonnance du commandant supérieur, et Lacour, commandant du détachement de la 13ᵉ compagnie, sont grièvement blessés.

La petite colonne, après avoir relevé ses blessés, enseveli ses morts, reste en position à trois kilomètres du village rebelle, se reliant par le fleuve à Grand-Bassam.

Le commandant supérieur, prévenu à Grand-Lahou, rentre à Grand-Bassam, ramenant de l'artillerie et la 14ᵉ compagnie, qui vient de débarquer. Le 15 novembre il prend le commandement, et le 16 la position de Bounoua est enlevée. La conséquence de cette opération fut la soumission des chefs de l'Akapless; la pacification s'étendait immédiatement sur toute la vallée de Comoé (voir appendices, annexe III).

La concentration sur Thiassalé est aussitôt reprise. Du 20 novembre au 13 décembre, tous les éléments sont en mouvement; l'escadron de spahis, la 15ᵉ compagnie et la 2ᵉ haoussa sont arrivés; les mulets et les approvisionnements de tous ordres sont débarqués, puis transportés à Dabou et de là dirigés sur Thiassalé par la route de 106 kilomètres que la colonne a dû ouvrir dans la forêt vierge avec ses propres moyens.

Le 13 décembre, la concentration est terminée. Quelques

jours après, le commandant Caudrelier reçoit l'ordre de se rendre à Toumodi, avec la 10ᵉ compagnie pour assurer le ravitaillement, et la 9ᵉ compagnie se met en mouvement de Toumodi, où elle est remplacée par un peloton de la 4ᵉ haoussa, vers Kodiokofi (24 décembre).

Aussitôt également, les opérations du ravitaillement commencent au moyen du convoi de mulets et grâce à quelques porteurs fournis par les chefs indigènes contre paiement.

A son arrivée à Thiassalé, le 9 décembre, le commandant supérieur trouve les envoyés du Djimini et du Djamala qui viennent implorer le secours de la colonne. Le colonel les rassure et fait partir avec eux, pour Sattama, Mandao-Ousman, interprète de la colonne, porteur d'une lettre à Samory, dans laquelle il lui signifie que les populations du Djimini, du Djamala et du pays de Kong sont sous notre protectorat et qu'il ait à évacuer ces pays s'il les a déjà occupés. Le commandant supérieur invite, en outre, Samory à entrer en relations avec lui pour traiter d'une paix définitive.

Le 26 décembre, les trois autres compagnies destinées à former la colonne active, 13ᵉ, 14ᵉ et 15ᵉ, ont quitté Thiassalé et passé le Bandama; le ravitaillement est en pleine activité; tous les services de l'arrière sont assurés. A son tour, le commandant supérieur, avec son état-major, quitte Thiassalé le 28 décembre.

La colonne active doit se composer :

1° Du bataillon de tirailleurs sénégalais à cinq compagnies. Etant données les réductions d'effectifs, c'est un fort bataillon de 500 hommes environ ;

2° Du demi-escadron de spahis ;

3° De la batterie de 80 millimètres (deux sections) et d'un convoi de mulets.

Tout entière la colonne active est en mouvement pour remonter dans le Nord; le 29 décembre, elle a franchi le Bandama; les deux tiers du ravitaillement sont en route ; les postes d'Ouosso, Toumodi, Kodiokofi sont approvisionnés à deux mois de vivres pour leur garnison normale.

La sécurité de la ligne de ravitaillement doit être assurée par les 2ᵉ et 4ᵉ compagnies haoussas.

En somme, moins d'un mois après le débarquement du personnel et du matériel, malgré une concentration laborieuse, il semble qu'on peut prévoir que vers le 20 janvier la colonne sera dans le Djamala à l'effectif de 700 combattants de toutes armes, susceptibles d'imposer à Samory des conditions de paix, en tout cas suffisamment puissante pour protéger ceux qui ont fait appel aux engagements que nous avons pris vis-à-vis d'eux.

Toutes ces prévisions sont brutalement renversées par une insurrection, qui éclate de la manière la plus imprévue le 26 décembre, et le commandant supérieur ne connaît que le 28, en passant le Bandama, les graves nouvelles qui mettent à néant le plan en voie d'exécution et les espérances qu'on en pouvait concevoir.

Dans la journée du 26, les fractions en mouvement au nord de Bandama jusqu'à Toumodi, sur une distance de 60 kilomètres environ, sont brusquement attaquées, ainsi que les postes. C'est un rush formidable auquel la colonne ne résiste que parce que tous les éléments sont à portée de le soutenir. Les N'Gouans, coupables de multiples vols et pillages qui n'avaient pu être châtiés fautes de moyens d'action suffisants, redoutent d'en être punis et se soulèvent entraînant avec eux toutes les populations voisines (voir appendices, annexe V — Insurrection du Baoulé).

La colonne fait front de tous côtés et, malgré des pertes sensibles impossibles à éviter étant données à la fois la soudaineté et la généralité de l'attaque, des mesures immédiates sont prises par le commandant supérieur pour réprimer vigoureusement cette rébellion. Mais le ravitaillement est arrêté, le vide se fait autour de la colonne, les indigènes se retirent au fond des bois et désormais il faut renoncer au portage pour accélérer le ravitaillement. Réduite à ses seules ressources la colonne ne dispose que de 150 mulets à peine pour effectuer les transports de vivres et de munitions.

Il faut s'arrêter. La colone concentrée entre Singonobo et Ouosso ne peut remonter dans le Nord, faute de vivres, et les convois journaliers entre Thiassalé et Ouosso, qui s'exécutent par échelons, suffisent à peine à assurer sa subsistance; l'accumulation des approvisionnements est impossible. A partir de Singonobo tous les convois doivent être escortés et les attaques sont continuelles.

Cette situation dure, très aiguë, pendant les trois premières semaines de janvier 1895. Enfin, par deux opérations combinées l'une sur Krékrébo, le 6 janvier, dirigée par le commandant supérieur, l'autre sur Trétrékrou et Akouabo, les 15 et 16, dirigée très brillamment par le commandant Caudrelier, l'ennemi traqué dans ses repaires est obligé de modérer ses attaques et bientôt une détente se fait sentir.

Ces opérations en forêt, très démoralisantes pour nos troupes qui ne peuvent prendre le contact avec un ennemi insaisissable, nous coûtent des pertes nombreuses (voir appendices, annexe VI).

Le 5 février seulement furent tirés les derniers coups de fusil qui mettent fin à la révolte du Baoulé.

Dès le 22 janvier le commandant supérieur lève le camp de Singonobo et se transporte à Toumodi où il arrive le 25. De ce point, que l'insurrection n'a pas atteint, il engage les négociations pour amener la soumission des N'Gouans. En même temps il fait commencer les transports de ravitaillement sur Toumodi.

En ce point on accumule peu à peu quelques approvisionnement pendant un mois; il faudra une nouvelle opération pour créer à Kodiokofi des réserves indispensables à la colonne active.

Dès le 6 janvier, d'autre part, le colonel avait envoyé le capitaine Marchand à Kodiokofi avec mission de se renseigner sur la route la meilleure à emprunter par la colonne, pour gagner Sattama.

Primitivement la 9ᵉ compagnie devait l'accompagner dans la reconnaissance de cette route; l'insurrection du Baoulé immobilisant la colonne dans le sud, le capitaine Marchand partit avec quatre tirailleurs seulement et, grâce à sa connaissance de la région, grâce à l'autorité morale qu'il avait acquise sur les indigènes, il mena à bien très rapidement cette reconnaissance. A Sattama il annonça l'arrivée prochaine de la colonne et prit les mesures pour faire réunir des approvisionnments de toutes sortes. A Sattama il trouva l'interprète Mandao Ousmann, qui n'avait pu aller chez Samory et qui, ayant voulu faire retour vers Kodiokofi, avait été attaqué et dévalisé par les

Zipouris; à grand'peine il avait pu s'échapper pour regagner Sattama.

Le capitaine Marchand rentrait à Kodiokofi sa mission terminée, la veille de l'arrivée de la colonne en ce point.

Dès le 15 février, les négociations étaient suffisamment avancées avec les N'Gouans pour que la pacification fût considérée comme assurée. Le commandant supérieur porta immédiatement la colonne sur Kodiokofi. Il ne pouvait être question d'accumuler en ce point des réserves en vivres de quelque importance, car le nombre des animaux de transport était si réduit que les convois eussent à peine suffi à assurer la ration journalière.

Un convoi de 250 porteurs environ accompagne la colonne avec un détachement de 94 animaux. Ces convois transportent des munitions d'artillerie et d'infanterie et des approvisionnements pour plusieurs mois de denrées de première nécessité, mais de faible volume, consistant en sel, sucre, café, tafia et conserves de viande.

La colonne arrive à Kodiokofi le 19 février.

En ce point commencent les opérations contre Samory.

Ces opérations ont fait l'objet d'un bulletin porté à la connaissance des troupes le jour où elles ont pris fin. C'est ce bulletin seulement que nous publions sans commentaires, ils ne pourraient qu'en affaiblir la sincérité.

Toutefois, nous voulons retenir l'attention du lecteur sur les faits qui viennent d'être exposés. L'insurrection du Baoulé enraya la marche de la colonne en l'obligeant à combattre pour garder sa ligne de ravitaillement, elle arrêta les opérations du ravitaillement et fut cause que des approvisionnements de quelque importance ne purent être constitués. L'insurrection eut encore un autre résultat qui pesa sur les opérations de la colonne active. Elle obligea le commandant supérieur à réduire les effectifs qu'il comptait conduire dans la direction de Kong.

En effet, la prudence la plus élémentaire exigeait de prévoir que des faits de la nature de ceux que nous venions de réprimer pourraient se reproduire après le départ de la colonne.

Les populations au sud de Toumodi étaient réduites momentanément à l'impuissance, c'était vrai. Mais quel temps durerait la pacification si péniblement obtenue? Si les effectifs

étaient trop réduits n'en profiteraient-elles point pour reprendre les armes? D'autre part, au nord de Toumodi, les populations avaient aussi exercé de nombreux vols, elles se refusaient
au portage, on sentait parmi elles des symptômes de défiance
et de mauvais vouloir évident qui pouvaient se changer en révolte ouverte sous le moindre prétexte, et ce prétexte elles
l'eussent trouvé dans l'affaiblissement trop grand du service
de sûreté de la ligne de ravitaillement.

Pour ces raisons le commandant supérieur répartit dans les
postes de Thiassalé à Kodiokofi, sur une longueur de près de
300 kilomètres, les 2e et 4e compagnies de haoussas, mais il
jugea nécessaire de laisser aux mains du commandant du
Baoulé, chef de la ligne de ravitaillement de la colonne, une force
mobile qui lui permît de se porter au secours d'un poste menacé
ou de parer à une éventualité dangereuse.

Dans ce but, la 13e compagnie fut laissée par le commandant
supérieur à la disposition du commandant Caudrelier.

A cet officier supérieur distingué échut la tâche peu enviable
et délicate à la fois d'assurer la sécurité de la ligne d'opérations de la colonne. Sa connaissance du Baoulé, la réputation
qu'il s'était acquise auprès des indigènes par la manière brillante dont il avait coopéré à la répression de l'insurrection le
désignaient pour ces importantes fonctions. Certes il eut préféré
conduire au feu son bataillon, mais il accepta avec une com-
plète abnégation, sans montrer la moindre marque de dépit,
le rôle un peu ingrat que les nécessités du moment et la confiance de son chef lui imposaient.

D'ailleurs, le choix du commandant supérieur ne pouvait être
plus heureux. Le 22 février, la soumission d'Akafou, chef des
N'Gouans, était définitive et la paix la plus profonde régna
dans le Baoulé pendant l'absence de la colonne.

II

Bulletin des opérations de la colonne du 16 février au 28 mars 1895 (opérations contre Samory).

Le 14 février, le lieutenant-colonel commandant supérieur, après avoir établi les bases de négociations de paix avec les N'Gouans, laisse à Toumodi M. le commandant Caudrelier pour terminer ces affaires, qui intéressent au plus haut degré la sécurité du Baoulé et la ligne de ravitaillement de la colonne, et quitte Toumodi avec les 10°, 14° et 15° compagnies, le détachement de spahis, la batterie de 80 millimètres et un convoi de porteurs et de mulets pour gagner Kodiokofi.

La situation à cette date est la suivante :

Samory est toujours au nord du Baoulé, vers Katio, dit-on; Mandao-Ousman a tenté de revenir de Sattama vers Kodiokofi sans y réussir; le capitaine Marchand est parti pour Sattama pour préparer la ligne d'opérations de la colonne pour le cas où le commandant supérieur voudrait choisir cette route.

En cinq étapes, la colonne gagne Kodiokofi, où elle arrive le 19. La question du portage a suscité des difficultés sérieuses en particulier à Angoakakou.

A Kodiokofi, le lieutenant-colonel commandant supérieur trouve le capitaine Marchand avec des chefs et des notables du Djimini et du Djamala; il rapporte que la situation est des plus graves, que le Djimini est occupé en entier par les bandes de Samory, que lui-même a quitté Katio pour se porter à Niémené, que le Djamala est menacé; que pour empêcher la population affolée d'abandonner le pays, il a été obligé, lui, Marchand, de laisser Mandao-Ousman avec un caporal et deux tirailleurs à Sattama-Soukouro.

Le lieutenant-colonel arrête immédiatement la ligne d'opérations que suivra la colonne, et, dès le 21 au soir, il fait partir en avant le capitaine Marchand, avec la 9° compagnie (capitaine

Desperles, 2 officiers, 5 Européens, 85 indigènes), par la route de Sattama. Cette compagnie préparera les gîtes d'étapes et sera chargée de faire procéder à l'enlèvement et au transport des bagages.

Malgré le zèle de l'administrateur de Kodiokofi, les réquisitions dans les villages, la majeure partie des charges (200 environ au total) ne quitte Kodiokofi que dans la journée du 22.

Le reste de la colonne — comprenant : le lieutenant-colonel commandant supérieur, le commandant Pineau, chef d'état-major; les lieutenants Baratier et Largeau, de l'état-major; le docteur Réjou, médecin-major du bataillon de tirailleurs sénégalais; les 10ᵉ compagnie (capitaine de Léséleuc, 2 officiers, 2 Européens, 56 indigènes), 14ᵉ (capitaine Boussac, 3 officiers, 2 Européens, 98 indigènes) et 15ᵉ (capitaine Tétart, 3 officiers 3 Européens, 89 indigènes); une section de 80 millimètres (capitaine Guigou, 1 officier, 4 Européens, 20 indigènes); un détachement de spahis (lieutenant Gervaise, 18 hommes); un détachement de 14 mulets — quitte Kodiokofi le 22 février à 3 heures du soir pour aller camper à Atté. La colonne peut mettre en ligne à ce moment 340 fusils (1).

Dès le lendemain, à partir d'Attiégoua, les difficultés pour le portage s'accentuent et deviennent telles à Simbo (24 février), où l'attitude du village est nettement hostile, que le lieutenant-colonel doit s'emparer du chef, (cependant le frère de Poromo, notre allié de Sattama, dont les fils marchent avec la colonne), des notables, et brûler le village.

Le lendemain 25, ce sont les tirailleurs eux-mêmes qui doivent porter les charges de vivres et cartouches jusqu'au N'Zi. Heureusement, pendant que la colonne est campée sur la rive gauche de la rivière, Mandao-Ousman, prévenu par le lieutenant-colonel commandant supérieur, peut faire expédier de Sattama 150 porteurs environ, qui enlèvent les charges.

Après étape à Bouakari, la colonne arrive à Sattama, le 28 février.

---

(1) La garnison du poste de Kodiokofi, sous les ordres de M. le sous-lieutenant d'artillerie Bourrat, est constituée par un détachement de la 4ᵉ compagnie haoussa et une section de 80ᵐᵐ (2 canonniers européens et 13 indigènes).

Quelques écloppés des différentes fractions actives de la colonne portent l'effectif total de la garnison à 45 hommes.

La colonne, qui était partie de Kodiokofi avec cinq jours de vivres de manière à pouvoir laisser à la garnison du poste un approvisionnement suffisant, ne trouve pas à Sattama les ressources promises par les envoyés du Djamala. Ce fut à grand' peine que Poromo, le chef, et Karamokho Aly, un des notables, envoyèrent quelques vivres; le reste de la population, se sentant désormais en sécurité, ne mit aucun empressement à fournir des denrées, malgré promesse de paiement.

Le lieutenant-colonel commandant supérieur, sentant la gravité de semblable situation, prend la résolution d'engager immédiatement l'action contre Samory, dont les colonnes sont aux bords du Bé, à 25 kilomètres du nord de Sattama.

Dès le 2 mars au matin, il dirige le capitaine Marchand avec la 9e compagnie sur Lafiboro, pour tâter l'ennemi, mais avec défense de s'engager.

Le 3 au matin, la 15e compagnie (capitaine Tétart) est dirigée sur Sattama-Soukouro, avec mission de s'emparer d'un partisan de Samory, Aly Sakandokho, et de s'établir dans le village. De cette manière, Samory se trouve menacé sur deux directions, et le colonel est décidé d'attendre les événements pour faire choix entre elles. Si Samory se replie en arrière de Dakhara, il marchera au Nord; s'il précipite son mouvement vers le Komoe, il se portera vers l'Est pour lui barrer le passage.

D'après les renseignements qu'il a pu recueillir, le commandant de la colonne sait que les colonnes de Samory occupent un front de marche face à l'Est marqué par la ligne Wandarama-Dakhara-Dabakhala-Oueillassou, et que ses coureurs, poursuivant Birama, chef du Djimini, se sont avancés jusqu'à Comoé et même dans la direction de Mango, cherchant des points de passage sur le fleuve pour gagner le Bondoukou.

Dès le 3, les événements se précipitent. La 9e compagnie, dans la journée du 2, a franchi le Bé et sur la rive gauche a refoulé les avant-postes de Samory à Tatelédougou.

Le 3 au matin, la 9e compagnie, ayant passé la nuit à Lafirobo, est brusquement attaquée par une bande nombreuse de sofas, fantassins et cavaliers; elle lui inflige des pertes très sérieuses; mais, dans la soirée, se sentant un peu en l'air, elle se replie à 3 kilomètres en arrière, à Gouameladougou.

Le lieutenant-colonel en est informé dans la soirée, en même temps lui parvient la nouvelle de la réussite de l'opération de la 15e compagnie à Sattama-Soukouro; aussitôt il donne les ordres pour le départ de la colonne, laissant à Sattama une section de la 14e compagnie avec le sergent-major Huger pour chef de poste et quelques malades; M. le commis des affaires indigènes Monteil reste comme administrateur à Sattama.

Le village et les gens du Djimini réfugiés refusant de fournir des porteurs, la colonne part à 10 heures du soir emportant seulement quatre jours de vivres portés par les hommes, 32 caisses de cartouches (16.000) et 72 coups pour la section de 80 millimètres.

Au matin elle fait sa jonction avec la 9e compagnie, au moment où les sofas se portent à l'attaque de Gouameladougou. Le combat s'engage aussitôt, et l'ennemi est refoulé au delà de Lafiboro, où la colonne s'établit au bivouac pour la journée.

Au moment de quitter Sattama, le lieutenant-colonel commandant supérieur a fait envoyer un courrier au capitaine Tétart à Sattama-Soukouro pour lui donner l'ordre de venir le rejoindre dans la journée du 4 à Lafiboro. Vers 11 heures la 15e compagnie arrive au bivouac. La colonne réunie est forte de 307 fusils, plus la section d'artillerie et le détachement de spahis, qui tend chaque jour vers sa disparition.

Le 5 mars au matin, la colonne se présente au passage du Bé, laissant son convoi au bivouac sous la garde de la 10e compagnie. Le passage est vigoureusement enlevé par la 14e compagnie (capitaine Boussac), soutenue par un peloton de la compagnie Desperles, qui poursuit l'ennemi sur la rive gauche.

A 1.500 mètres au nord de la rivière, la colonne s'établit au bivouac pour attendre l'arrivée de porteurs et de bagages que le lieutenant-colonel a fait demander à Sattama. Dans la journée, la 9e compagnie pousse une reconnaissance à 2 kilomètres sur la droite vers Tatelédougou pour se rendre compte des positions de l'ennemi, qui s'est retiré par cette route. Des vedettes à cheval se montrent partout sur les hauteurs, mais la reconnaissance rentre sans être inquiétée.

Vers 4 heures arrivent des réfugiés du Djimini venant de Sattama avec quelques charges et qui veulent marcher avec la colonne. Le lieutenant-colonel, après étude des positions occupées par Samory, entreprend de se porter sur la ligne de ravitaillement de l'adversaire, à Sokola-Dioulasso, par une marche de nuit (38 kilomètres environ).

A 8 heures du soir, on pousse les feux de bivouac et, silencieusement, à 9 heures, la colonne se met en marche sur Sokola-Dioulasso, par une route sensiblement parallèle à celle de Tatelédougou-Farako-Dabakhala.

La marche s'effectue dans le plus grand silence, mais elle est des plus pénibles. A 6 heures du matin, au moment où la colonne débouche sur Kossangoua, elle trouve le village occupé par quelques sofas, dont deux sont tués; on s'empare d'une vingtaine de fusils. Mais l'éveil est donné par des coups de fusil tirés par les fuyards qui peuvent s'échapper.

La colonne s'établit au bivouac, à proximité du village, où se trouvent de grandes quantités de vivres.

Dans l'après-midi, le commandant supérieur envoie une reconnaissance de 2 compagnies (10e et 15e), sous les ordres du commandant Pineau, dans la direction de Dabakhala. A trois kilomètres du bivouac, elle rencontre l'ennemi, qu'elle refoule avec des pertes sérieuses, mais nous avons 2 tués et 3 blessés.

Pendant ce temps, la bande de Kourouba-Moussa, qui nous attendait à Tatélédougou et à laquelle notre marche de nuit avait échappé, retrouve nos traces et, vers 4 heures, vient attaquer la face sud du camp; elle est repoussée vigoureusement par la 14e compagnie, laissant 7 cadavres sur le terrain.

La nuit est calme. Le 7, vers 7 h. 30, les petits postes de la face Est sont attaqués par une reconnaissance ennemie, et bientôt l'attaque se développe sur toute la face. La batterie prend position, les 10e et 15e entrent en ligne et repoussent l'ennemi de front, pendant que la 14e compagnie le déborde par sa gauche. L'ennemi se retire avec pertes, mais nous avons 4 blessés, dont 2 dans le camp même par des projectiles venus de longue distance; les fusils à tir rapide de Samory sont entrés en ligne. Vers 9 heures, le combat étant terminé, le commandant supérieur veut se rendre compte de ce qui reste de la bande de Kourouba Moussa, qui occupe le front Sud; il y dirige la 9e compagnie, qui disperse, avec perte, un fort poste de 2 ou 300 hommes environ, établi à 500 mètres.

Ces deux combats n'étaient qu'un prélude. Vers 2 heures, des incendies de villages se montrent dans l'Est, qui indiquent de la

part des bandes un mouvement de retraite. Le commandant
supérieur juge que Samory, dont la présence lui a été signalée
par les prisonniers à Dabakhala, ne s'y sentant pas en sécurité,
doit se mettre en retraite. Aussitôt ordre est donné de lever le
camp pour continuer la marche sur Sokola-Dioulasso.

A 4 heures du soir, la colonne quitte le bivouac de Kossangoua, marchant au Nord. A 2 kilomètres du bivouac, elle tombe
sur une bande en mouvement (Sarantieni Mory, fils de Samory),
en avant du Segouéno et du village de Diéleso; le combat s'engage, le passage de la rivière est enlevé, le village aussi, et
la marche se poursuit.

Vers 7 h. 30, l'avant-garde, arrivant au village de Kadiaouli,
prend ses dispositions pour surprendre le poste sofa qui l'occupait. A ce moment, brusquement, l'arrière-garde est attaquée
avec la dernière vigueur par deux bandes très nombreuses;
il faut s'arrêter pour engager le combat, qui dure trois quarts
d'heure. Ce sont les bandes de N'Golo et de Sarantieni Mory.
Elles ne lâchent prise qu'après des pertes cruelles (connues
quelques jours après). Nous ne devions savoir que plus tard la
raison de cette attaque, qui n'avait qu'un but : retarder la marche de la colonne sur Sokola. Cette affaire nous coûte un tué et
quatre blessés.

A 10 heures du soir, la colonne arrive devant la rivière de
Sokola. Le commandant supérieur envoie la compagnie d'avant-
garde (15e) et le capitaine Marchand reconnaître si le village est
occupé; on ne trouve qu'un petit poste, qui s'enfuit aux premiers
coups de fusil, laissant le village à notre merci. La surprise est
grande de trouver partout de la nourriture en préparation et
des milliers de charges à l'abandon.

Le lendemain au matin, on put seulement se rendre compte
de l'importance de la prise, de la réussite inespérée de l'opération. Des prisonniers nous apprirent que Samory, qui avait
quitté Dabakhala dans la journée, se trouvait à Sokola-Dioulassou au moment de l'attaque de Kadiaouli, et que, seulement
prévenu par le bruit du combat de notre approche, il s'était
enfui précipitamment avec ses femmes et quelques cavaliers.

Tout révélait, en effet, la fuite précipitée. Les bagages personnels de Samory et N'Golo étaient en grande partie abandonnés. Nous trouvâmes environ 200 tonnes de vivres (riz, mil,

ignames, niébés, farine de manioc, etc.), 57 bœufs, 18 chevaux, 2 bourriquets. On fit environ 70 prisonniers, pour la plupart femmes et enfants.

Pendant la matinée et la journée du 8, de tous côtés passaient des colonnes nombreuses, piétons et cavaliers, en vue du camp, mais à distance; on apprit, deux jours après, qu'en quittant Dabakhala, le 7 dans la journée, Samory avait donné, comme point de concentration, à ses colonnes, Sokola-Dioulasso. L'une d'elles, qui vient se heurter aux avant-postes, est dispersée par deux coups de canon.

La marche stratégique sur Sokola-Dioulasso avait donc parfaitement réussi. Outre quelle avait mis entre nos mains le principal centre d'approvisionnements de l'ennemi, elle avait obligé celui-ci à se retirer vers Niéméné.

Malheureusement, de ce moment devait apparaître à nos yeux et aux yeux de Samory notre impuissance à profiter de la victoire, à cause de notre petit nombre. Nous pouvions vaincre, nous ne pouvions pas recueillir les fruits de nos succès. Que pouvions-nous tenir avec nos 300 fusils? Le point où nous nous trouvions, pas davantage. Il eût fallu un effectif double au moins, pour pouvoir le diviser en deux colonnes opérant de concert.

Les journées du 8 et du 9 se passent en reconnaissances aux abords de la position pour se renseigner sur la situation de l'ennemi; les gens du Djimini sont d'une lâcheté inqualifiable : ils ne peuvent même pas servir d'agents de renseignements dans leur propre pays.

Le 10, le commandant supérieur, ayant réussi à définir que Samory s'est concentré dans ces deux derniers jours sur Niéméné, entreprend de faire une démonstration dans cette direction pour connaître ses intentions.

Le 10, à 3 heures de l'après-midi, la colonne, moins la 14e compagnie, qui reste à Sokola à la garde de la position, se met en marche sur Naolo. Moins d'une heure après son départ, elle entre en contact avec une forte bande de cavaliers et de fantassins armés de fusils à tir rapide (bande de N'Golo), qui était en mouvement pour tourner Sokola par le Nord. Un combat s'engage qui dure jusqu'à la nuit; la colonne ennemie est coupée en deux. Nous nous établissons au bivouac auprès du village de N'Gala.

Le 11 au matin, la marche sur Naolo reprend, mais l'ennemi refuse le combat, se retirant vers Niéméné; par Siendi et Pensorodougou la colonne rentre à Sokola à 11 h. 30.

Pendant l'absence de la colonne, la 14ᵉ a été attaquée, mais peu sérieusement.

Un prisonnier qui est venu se rendre insinue que les chefs de Samory ont assez de la guerre avec les Français, et que Samory lui-même ne demanderait pas mieux que de traiter. Le colonel profite de la bonne volonté de cet homme pour accomplir *une partie formelle* de ses instructions, celle d'essayer de traiter avec Samory. Il est remis à cet homme une lettre pour Samory, lui demandant s'il veut entrer en pourparlers. Le 12 au matin Samory fait répondre qu'il accepte, et Mandao Ousman part avec un projet de traité rédigé en français. Il voit Samory et rentre le soir. Samory demande à avoir le texte en arabe. Le lendemain 13, Mandao repart au camp de Samory avec le texte en arabe. Après lecture, Samory déclare qu'il ne peut accepter de retourner vers l'Ouest, où les pays sont ruinés; qu'il ne veut pas dissoudre ses bandes, qu'il veut le Djimini et le Djamala. Il déclare, en même temps, les pourparlers rompus. Le colonel avait donné 48 heures à partir du 12 au matin. Dans la soirée, quelques coups de fusils tirés sur les avant-postes indiquent la reprise des hostilités.

Le commandant supérieur prend la résolution de marcher le lendemain sur Wandarama. Les bandes de Samory forment le cercle autour de la colonne, dont les communications sont coupées avec Sattama depuis le 5 mars.

Dans la matinée du 14, par des prisonniers qui viennent se rendre, le lieutenant-colonel apprend que, dans les trois derniers jours, Samory a pris la détermination subite de marcher à l'Est coûte que coûte, et qu'il a envoyé ses femmes, ses enfants, ses captifs sous la conduite de Sarantieni Mory, son fils, avec toutes les bandes armées de fusils à pierre, sur Dabakhala, avec ordre de pouser au plus vite vers le Comoé. Les bandes armées de fusils à tir rapide sont chargées d'arrêter la marche de la colonne.

Aussitôt, le commandant supérieur prend la décision de se porter sur Dabakhala pour forcer Samory à accélérer sa marche.

L'abandon de la marche sur Wandarama s'impose, parce qu'ainsi la colonne trop visiblement semble vouloir se porter sur Kong, et Samory a hésité jusqu'à ce jour à y entrer, les gens de Kong ayant invoqué leur qualité de fervents musulmans. Si la colonne entre en relations avec Kong, ou même s'y rend, comme elle ne peut songer à y demeurer faute de vivres et de munitions et que le petit poste qu'elle pourrait y laisser ne protégerait que l'emplacement sur lequel il serait établi, Kong et les villages en dépendant seraient dévastés, malgré la présence de la colonne. Protéger Kong consistait donc moins à s'y porter qu'à enlever à Samory le prétexte de s'y rendre.

Le 14 mars à 1 h. 30 de l'après-midi, la colonne quitte Sokola-Dioulasso, après avoir détruit par l'incendie tous les approvisionnements qu'elle n'a pas consommés ou qu'elle ne peut emporter.

A 2 h. 30, à la sortie de Sokola, à la bifurcation des routes de Dakhara et de Dabakhala, la colonne est attaquée de tous côtés par un nuée de sofas armés de fusils à tir rapide. L'arrière-garde surtout (10e compagnie, de Léséleuc) est serrée de très près par des adversaires résolus qui ne prennent cure, semble-t-il, des nombreux vides que les feux de salves font dans leurs rangs. Il faut successivement renforcer par un peloton de la 15e, puis, le commandant supérieur, constatant que le combat traîne en longueur, se porte sur la chaîne avec un peloton de la 9e compagnie pour faire exécuter une attaque sur le flanc gauche. Au moment où ces dispositions sont achevées, et alors qu'il va donner l'ordre au commandant Pineau, qui dirige le combat, de prendre l'offensive pour permettre d'enlever les morts et les blessés de la compagnie, le colonel est grièvement blessé à la jambe. Le lieutenant Testart, dont le courage et le dévouement ont été admirables dans cette journée, prend le commandant supérieur sur son dos pour l'emporter à une cinquantaine de mètres de la chaîne. Le mouvement de la 9e compagnie produit son effet, et l'ennemi, refoulé, abandonne la lutte. Il semble un instant vouloir défendre le village de Kourbadougou, dans la direction de marche, mais un obus suffit à le déloger. A 5 heures, la marche en avant est reprise; mais on ne peut plus songer qu'à trouver un campement et de l'eau pour la nuit; le bivouac est pris sur la rive gauche du Séguéno.

Nos pertes sont de 3 tués, 8 blessés, dont le lieutenant-colonel et le sergent Nicolas, contusionné.

Le 15 mars, la marche sur Dabakhala est reprise; le passage du Séguéno est brillamment enlevé à la baïonnette par le capitaine Marchand, soutenu par une attaque de flanc habilement dirigée par le capitaine Desperles. L'ennemi ne peut tenir dans les villages de Singara et de Saleréquéra, et, à 8 h. 30, la colonne arrive en vue du marigot qui couvre l'important village de Dabakhala, marché central de tout le Djimini et quartier général de Samory. De la crête, quatre obus sont lancés sur le village, et aussitôt les colonnes d'assaut, avec les capitaines Marchand et Desperles, les lieutenants Billecocq et Haye, s'élancent, franchissent le marigot et enlèvent le village. Autour de celui-ci, très grand lui-même, d'énormes campements sont établis, qui servaient aux colonnes de Samory.

En face au sud de Dabakhala, sur une hauteur qui commande le village, est la place du marché où Samory avait établi un diassa (groupe de cases retranché); le lieutenant-colonel donne l'ordre d'en préparer l'attaque par l'artillerie. De nombreux sofas semblent disposés à le défendre. Deux obus à mitraille les impressionnent dans leur dessein; l'un d'eux met le feu à l'une des cases, et aussitôt la 9e compagnie, en tête de laquelle se trouvent le capitaine Marchand et le lieutenant Baratier, s'élancent à l'assaut; les sofas lâchent pied.

Pendant ce temps, le lieutenant-colonel a donné l'ordre à l'arrière-garde de brûler Dabakhala. Pendant cette opération, la 14e compagnie, serrée de près par les bandes qui se sont reformées en arrière, a quelque peine à se dégager par des feux de salve répétés.

A 10 heures, le combat est fini, la colonne s'établit au bivouac autour du diassa de Samory. Les femmes, enfants, troupeaux, Samory lui-même ont pu s'enfuir la veille, les premiers vers l'Est, pendant le combat de Sobala, dans lequel les sofas n'ont déployé tant de ténacité que pour empêcher l'arrivée de la colonne sur Dabakhala dans la soirée. La journée nous coûte un tué et deux blessés.

L'affaire de Dabakhala a eu l'effet désiré, celui de forcer les bandes de Samory à accélérer leur marche vers l'Est. La colonne ne peut songer à faire davantage pour le moment : il

lui faut se réapprovisionner en munitions et mettre en lieu sûr
ses nombreux blessés, qui entravent la marche et alourdissent
la colonne. Le lieutenant-colonel donne comme direction de
marche, le 16 au matin, Lafiboro par Farako et Tatelédougou,
de manière à ruiner ces deux centres d'approvisionnements.

Le départ a lieu à 4 heures du matin. Vers 5 h. 30, un poste
de sofas, surpris à Kotola, se jette dans la brousse et pendant
une demi-heure, embusqué dans un marigot d'abord, puis derrière de gros arbres sur le flanc droit, dirige sur la colonne un
feu des plus vifs, en particulier sur le groupe où le commandant
supérieur est porté en civière; en quelques minutes, son domes-
tique est tué, ses deux chevaux sont blessés.

Successivement les villages de Farako et Tagono, qui regor-
gent d'approvisionnements, sont livrés aux flammes par la compagnie d'arrière-garde (9ᵉ compagnie, capitaine Desperles).
A ce dernier village, l'ennemi, voulant éteindre l'incendie, presse
vivement l'arrière-garde, dont une fraction s'est trompée de
chemin après avoir incendié les cases. Dans l'indécision où il est
de la direction prise par le lieutenant Billecocq, le capitaine
Desperles ne peut utiliser ses feux et subit des pertes notables,
jusqu'à ce qu'enfin, ayant entendu les feux de salve de son
lieutenant, il peut se dégager et rejoindre la colonne, de laquelle un peloton de renfort a été détaché. Le sergent Bardet
et 5 tirailleurs sont blessés dans cette affaire. A 11 heures, la
colonne prend une position de halte gardée à Tatelédougou,
qu'elle incendie avec les approvisionnements qui s'y trouvent, en
reprenant la marche, à 2 heures.

Les sofas, qui ont tiraillé contre les avant-postes pendant
la halte, abandonnent la poursuite, et c'est sans incident que
la colonne arrive à l'emplacement de son ancien bivouac du
5 mars, sur la rive gauche du Bé.

Là vient se rendre un sofa en armes, qui affirme que le Bé
n'est pas occupé. Les indices relevés semblaient témoigner du
contraire. Le convoi se groupe sous la protection de la 14ᵉ compagnie; la 9ᵉ compagnie s'établit sur les derrières, et le commandant supérieur prescrit au commandant Pineau d'attaquer
le passage avec les 15ᵉ et 10ᵉ compagnies.

La colonne d'attaque est formée par la 15ᵉ compagnie, la
10ᵉ en soutien.

Jusqu'à 10 mètres de la rivière, malgré une brousse très dense
de près de 150 mètres d'épaisseur, la présence de l'ennemi
ne se signale pas, lorsque tout à coup, à un détour brusque
du sentier, la section de tête se heurte à une forte palissade
de deux mètres de hauteur. Les tirailleurs, surpris d'abord,
ouvrent un feu rapide, auquel répond immédiatement celui des
sofas; on sonne la charge, mais il est presque impossible d'a-
vancer à cause des abatis entassés; enfin quelques tirailleurs,
en tête desquels le commandant Pineau et le lieutenant Baratier,
se jettent sur la palissade, y font brèche, et vivement l'ennemi
est poursuivi baïonnette aux reins. Le lieutenant Baratier en
tête, avec deux hommes, franchit le marigot et, sur le revers,
tombe sur un cavalier qui essaie de monter à cheval : la selle
tourne, le cavalier est blessé d'un coup de revolver; il demande à
se rendre, mais à ce moment un des tirailleurs lui fait d'un coup
de feu une blessure mortelle. La prise eût été d'importance, car
ce cavalier, reconnu ensuite par plusieurs prisonniers et par le
déserteur, était Sekouba, le chef de colonne favori de Samory,
le meurtrier de notre regretté camarade le capitaine Ménard.

Toutefois, le passage forcé, les sofas ont gagné les ailes et
mènent un combat très vif sur la rive gauche contre les 9e et
14e compagnies, malgré l'intervention de l'artillerie; ils tentent
aussi, sur la rive droite, un retour offensif pour venir reprendre
le corps de Sekouba; mais au bout d'une demi-heure ils doivent
abandonner la lutte.

Nos pertes de la journée sont de 1 tué et 7 blessés.

A 6 h. 30, la colonne a repris son ancien bivouac à Lafi-
baro. Elle a parcouru dans la journée, en combattant presque
sans interruption, 39 kilomètres.

Le 17, le colonel donne repos pour la matinée. Peu après
le jour, des bandes de sofas sont remarquées sur la droite et
la gauche, qui semblent se porter sur la ligne de retraite de la
colonne pour la couper de Sattama. Vers 11 h. 30, une grande
colonne de fumée est aperçue dans le Sud-Est; les gens du
pays disent que c'est Branzy (9 kilomètres de Sattama) qui
brûle. Aussitôt, le colonel donne l'ordre de lever le bivouac,
et à 12 h. 30 la colonne se met en marche. On franchit le village de Guameladougou, puis le marigot qui est à 500 mètres
dans le Sud-Est; mais à peine la colonne est-elle sur l'autre

rive que l'arrière-garde (15° compagnie, capitaine Tétard) est vivement attaquée par les sofas, qui ont occupé le marigot après notre passage. Ils s'avancent d'embuscade en embuscade, tiraillent sans cesse sans se grouper. Au moment de la pose, leur audace augmente, et l'arrière-garde est vivement pressée; elle a en un instant deux tirailleurs dont un sergent tués, deux autres blessés. Le colonel donne l'ordre au commandant Pineau d'arrêter cette poursuite en prenant l'offensive avec la 15° compagnie soutenue par la 9°, et une section de la 14° compagnie est envoyée pour tourner la droite de l'ennemi. Quelques feux de salve, suivis d'une impétueuse charge à la baïonnette menée par le commandant Pineau, les capitaines Marchand et Desperles, les lieutenants Baratier et Billecocq, dispersent l'ennemi, qui laisse de nombreux cadavres sur le terrain et entre nos mains quatre fusils à tir rapide; seul, le capitaine Desperles est légèrement blessé à la main. N'Golo, qui dirigeait l'attaque du côté de l'ennemi, a dû être tué ou grièvement blessé; en tout cas, de ce moment, la colonne se remet en marche sans être autrement inquiétée jusqu'à Branzy. Branzy a été incendié; 600 guerriers, que nous y avions trouvés quinze jours avant, n'ont pu empêcher deux cavaliers et une trentaine de fantassins de le piller et de le livrer aux flammes (rapport d'un habitant).

Le colonel, malgré l'état de fatigue général, décide de gagner Sattama, où chacun pourra prendre enfin un repos bien gagné. A 10 heures du soir, le bivouac est repris au nord du village, et l'on se met aussitôt en communication avec le petit poste, qui a eu une seule alerte pendant l'absence de la colonne, et celle-ci le jour même où quelques rôdeurs sont venus auprès du village, mais se sont enfuis aux premiers coups de fusil.

Du 3 au 17 mars, soit en quinze jours, la colonne a parcouru près de 200 kilomètres, livré aux bandes de Samory dix-huit combats victorieux, dont cinq dans la journée du 7 mars.

Ce sont : le 3 mars, le combat de Lafiboro (9° compagnie, capitaines Marchand et Desperles); le 4 mars, le deuxième combat de Lafiboro: le 5, le combat du Bé; le 6, la reconnaissance du commandant Pineau à l'est de Kossangoua et le combat contre la bande de Kourba-Moussa; le 7, le combat sur la face

Est et le combat sur la face Sud du camp à Kossangoua, le combat de Dielisso, le combat de nuit de Kadiaouli et la prise de Sokola-Dioulasso; le 10, les combats de N'Gala et de Sokola-Dioulasso (14e compagnie); le 14, le combat de Sobala; le 15, le combat et la prise de Dabakhala; le 16, les combats de Kotola et de Farako et l'enlèvement du Bé; enfin, le 17, le combat de Gouaméladougou.

Ces différentes affaires, au cours desquelles l'ennemi a subi des pertes considérables, où il a vu ses bandes en partie dispersées, pendant lesquelles la colonne a conservé sans cesse l'initiative de ses mouvements et a contraint l'adversaire, dont elle a ruiné en grande partie les approvisionnements, à accélérer sa marche vers l'Est, ces différentes affaires nous ont coûté 11 tués, dont 2 sous-officiers indigènes, et 36 blessés, parmi lesquels le lieutenant-colonel commandant supérieur et le sergent Bardet grièvement, le premier à la jambe, le deuxième à la cuisse, et le capitaine Desperles, légèrement à la main droite.

La colonne a pu aisément vivre sur le pays, ou mieux sur les approvisionnements pris à l'ennemi; en particulier, le bétail pris à Sokola-Dioulasso a été une précieuse ressource pour l'alimentation des troupes fatiguées.

A l'occasion de ces opérations, le lieutenant-colonel commandant supérieur cite à l'ordre du jour de la colonne avec inscription au feuillet du personnel et sur les états de services :

M. le commandant *Pineau*, chef d'état-major :

« Au cours des opérations contre Samory (3 au 17 mars), a secondé admirablement le commandant supérieur; l'a suppléé en partie après qu'il a été blessé; a fait preuve de la plus grande bravoure en lançant les troupes à la charge au deuxième combat du Bé (16 mars) et à Guaméladougou (17 mars). »

Capitaine *Marchand*, état-major :

« Par ses cartes et sa connaissance du pays, a été un guide précieux pour la colonne (opérations contre Samory du 3 au 17 mars). Toujours à l'avant-garde, a donné à chaque affaire des preuves d'un courage digne des plus grands éloges et d'un coup d'œil militaire remarquable. »

Lieutenant *Baratier*, état-major :

« S'est multiplié pendant les opérations contre Samory (3 au 17 mars), faisant face à toutes les besognes et trouvant cependant le temps d'être en tête de toutes les colonnes d'assaut à Dabakhala, à Gouameladougou, au Bé. Dans ce dernier combat, après avoir le premier franchi la palissade, a tué Sekouba, principal chef de colonne de Samory, meurtrier du capitaine Ménard. »

Capitaine *Desperles* :

« A conduit sa compagnie avec un entrain et un brio remarquables, particulièrement au premier combat de Lafiboro (3 mars), à Farako (16 mars), au combat de Guameladougou (17 mars). »

Lieutenant *Testard* :

« A cumulé, avec les fonctions d'officier d'approvisionnement, au cours des opérations contre Samory (3 au 17 mars), les fonctions d'officier de compagnie; mérite, sous les deux rapports, les plus grands éloges. S'est particulièrement fait remarquer au combat de Sobala (14 mars), par son sang-froid et son dévouement. A porté sur son dos le lieutenant-colonel blessé à cette affaire, en arrière de la ligne de combat. »

Dat, sergent, 9ᵉ compagnie :

« A fait preuve, au cours des opérations contre Samory, d'une endurance et d'un courage dignes des plus grands éloges. S'est particulièrement distingué au combat de Gouameladougou (17 mars). »

En dehors de ces citations particulières, le lieutenant-colonel tient à marquer sa satisfaction aux officiers et aux troupes de toutes armes qui ont pris part aux opérations. Les tirailleurs et leurs cadres européens ont montré une endurance et une bravoure remarquables. L'artillerie, sous le commandement du capitaine Guigou, mérite les mêmes éloges; le ser-

vice de ses pièces a été fait avec intelligence et sang-froid.
Il est à regretter que la mortalité qui a décimé les chevaux
du détachement de spahis n'ait pas permit à cette arme de coo-
pérer de façon efficace aux opérations, où son concours eût
été des plus utiles. Les chevaux de prise, écrasés par le paque-
tage, n'ont pu rendre de services.

En arrivant à Sattama, le 17 mars à 10 heures du soir, le lieutenant-colonel commandant supérieur ne pouvait s'attendre à
la pénible surprise qui lui était réservée. C'était la disgrâce,
qui, en l'atteignant personnellement, semblait devoir lui enlever l'autorité morale pour faire valoir les services de ses dévoués collaborateurs.

Une dépêche ministérielle du 18 février, arrivée à Sattama
pendant l'absence de la colonne, prononçait la dissolution de
la colonne dite de Kong et supprimait les pouvoirs du commandant supérieur, qui devait remettre à M. le commandant Caudrelier le commandement des troupes.

A distance, il n'y avait pas à essayer de dissiper un malen-
tendu probable ou à déjouer des manœuvres coupables : il y
avait à s'incliner.

Restait la question du retour à Kodiokofi. La situation était
des plus graves. Au point de vue de notre amour-propre, il
fallait abandonner à Samory des contrées où ses bandes, même
les plus braves et les mieux armées, n'avaient pu nous résister. Les populations du Djamala sont lâches; elles n'avaient
prêté aucun concours effectif à la colonne, celles du Djimini,
en grande partie réfugiées dans le Djamala, ne valaient pas
mieux, mais encore devaient-elles compter sur notre appui puisque nous étions venus le leur apporter, et que des traités de
protection nous liaient à elles.

Placé dans cette triste alternative, le lieutenant-colonel fit
surseoir au départ, autant pour tenter de rassurer les populations et leur montrer combien peu étaient redoutables les quelques rôdeurs qui tenaient la région que pour donner un peu
de repos aux troupes.

Trois petites opérations aux environs de Sattama-Soukoura,
puis la ruine de Sattama-Soukouro (21 mars), qui s'était rallié
à Samory, ne purent amener, malgré leur succès complet, le

résultat cherché; le Dioula ne voulait pas se mesurer même contre ses congénères, soutenus par une poignée de sofas.

Le 24 mars, la colonne quittait Sattama; la population presque entière du Djamala et les réfugiés du Djimini, au nombre total de 5 ou 6.000 personnes, l'accompagnaient.

Le deuxième jour, la colonne arrivait au N'Zi, qu'elle franchissait. Quelques cavaliers et fantassins de Samory, en maraude, tentèrent bien de la suivre, mais sans lui causer d'autre dommage que de ramasser quelques malheureux traînards. Toutefois, dans une escarmouche d'arrière-garde, nous avons deux blessés le 25. En y ajoutant un tué et deux blessés dans une escarmouche du 24, nous arrivons à un total de 12 tués et 42 blessés dans les opérations contre Samory.

Le lieutenant-colonel espérait traverser paisiblement les pays entre le N'Zi et Kodiokofi; il n'en fut rien. La cause est que les populations avaient vu d'un mauvais œil le passage de la colonne allant opérer contre Samory, parce que, pendant tout le temps du séjour de ce dernier dans le Djimini, les esclaves étaient à vil prix. Certains que Samory n'oserait entrer dans leur pays, boisé et facile à défendre, elles avaient pensé que, le jour où il entrerait dans le Djamala, il y aurait un reflux vers elles des habitants du Djamala et des réfugiés du Djimini, qu'ils se seraient empressés de réduire en captivité. La colonne était donc mal vue par eux à l'aller; elle l'était bien davantage au retour, puisqu'elle protégeait la retraite des réfugiés qu'ils comptaient s'approprier.

La colonne marchait dans de mauvaises conditions, parce que, les populations étant de races différentes, le lieutenant-colonel ne pouvait juger par l'une des dispositions de la voisine. La journée du 26 nous coûte un tué et 12 blessés, dont l'interprète Mandao Ousman (1).

---

(1) Mandao Ousman, interprète en chef de la colonne, succomba à Kodiokofi aux suites de sa blessure. Originaire du Sénégal, fils d'Ousmann Soô, interprète du général Faidherbe, Mandao fut comme son père un serviteur loyal et toujours fidèle.

Instruit et intelligent, possédant bien le français et l'arabe, parlant un grand nombre de dialectes indigènes, c'était le modèle des interprètes.

Particulièrement estimé du commandant supérieur, qui le connaissait depuis son entrée au service, Mandao avait su acquérir l'affection de tous les officiers de la colonne. Sa mort fut l'objet de regrets unanimes.

Le 27 on se bat à Marékrou, à N'Drikoro, où est blessé le capitaine de Léséleuc (10ᵉ compagnie), à Témérébré, où est blessé le lieutenant Testard, de la même compagnie. La journée nous coûte un tué et 6 blessés.

La journée du 28, au travers du territoire Zipouri (race des habitants de Kodiokofi cependant), nous coûte un tué et 3 blessés. Atté, où nous prenons campement le soir, est le seul point où la poudre ne parle pas depuis vingt-six jours.

Neuf kilomètres nous séparaient de Kodiokofi, où la colonne arrivait le lendemain, ayant, en trente-quatre jours, parcouru plus de 450 kilomètres et combattu vingt-six jours.

Depuis le passage du N'Zi, les opérations contre les naturels nous ont coûté 4 tués, 20 blessés, soit un total général, dans les opérations du 22 février au 29 mars, de 16 tués et 63 blessés, en y comprenant un blessé à Simbo le 24 février.

Les derniers jours avaient vu se déclarer parmi les Européens des maladies graves, conséquences des fatigues supportées. M. le lieutenant Ayrolles était mort de la dysenterie la veille du départ de Sattama. Le sergent Henriot mourait le 26, de fièvre bilieuse. Le 28, l'adjudant Espert succombait à la dysenterie, et portés en civière, MM. les capitaines Desperles et Baratier arrivaient en très triste état à Kodiokofi, où nous avions le regret de voir succomber le premier le lendemain, de bilieuse hématurique.

A Kodiokofi se trouvait M. le commandant Caudrelier, qui s'était d'abord mis en route pour Sattama à l'effet d'y rejoindre la colonne, mais était revenu, ayant appris en route son retour.

Le 30 mars, le lieutenant-colonel commandant supérieur remettait au commandant Caudrelier le commandement des troupes.

A l'occasion de la marche de Sattama à Kodiokofi, le lieutenant-colonel commandant supérieur cite à l'ordre du jour de la colonne avec inscription à leur feuillet et sur leurs états de services :

M. *de Léséleuc de Kerouara*, capitaine (10ᵉ compagnie) :

« Etant à l'avant-garde (27 mars), a brillamment enlevé plusieurs passages difficiles, montrant à ses hommes l'exemple du plus grand courage. A été grièvement blessé à leur tête. »

M. *Testard*, lieutenant (10ᵉ compagnie) :

« Quoique blessé, a conservé le commandement de sa compagnie, dont le capitaine était blessé du matin, et l'a brillamment conduite à l'assaut du marigot de Tiémérébré (27 mars). »

M. *Réjou*, médecin-major de 2ᵉ classe :

« Malgré un état de santé déplorable, a prodigué ses soins aux nombreux blessés (colonne contre Samory 3 au 17 mars) et, dans la journée du 26 mars, a enlevé, sous le feu de l'ennemi, l'interprète Mandao Ousman, grièvement blessé. »

Comme dans une sorte de raid, la colonne dite de Kong s'est avancée, disposant à peine de 300 fusils, jusqu'à plus de 200 kilomètres du dernier poste occupé.

Pendant quinze jours, complètement coupée de toute communication et cernée de toutes parts par les bandes de Samory, elle leur a livré dix-huit combats victorieux; enfin, pendant une retraite de 125 kilomètres, malgré un lourd convoi et de nombreux blessés, elle a traversé une série de villages ennemis en se faisant respecter.

Le lieutenant-colonel, malgré la disgrâce qui l'a frappé, espère que la bonne foi et la sincérité qui ont présidé à toutes nos actions sauront s'imposer à l'opinion du ministre et du pays et amèneront, dans un sentiment de juste réaction, une plus juste appréciation des services rendus par une colonne qui, exécutant des instructions formelles, a pu, sans préparation préalable, s'avancer en quelques mois à plus de 500 kilomètres de la côte.

Le présent bulletin sera inscrit aux registres d'ordres des compagnies et détachements, ainsi qu'aux journaux des marches et opérations.

Kodiokofi, le 30 mars 1895.

Le lieutenant-colonel commandant supérieur,
Signé : MONTEIL.

APPENDICES

ANNEXE 1

Causes qui ont motivé l'envoi à la Côte d'Ivoire de la colonne du Haut-Oubanghi.

[Extrait de l'article « les Conventions franco-anglaises », des 14 juin 1898 et 21 mars 1899, publié par le lieutenant-colonel Monteil dans la *Revue hebdomadaire* du 6 mai 1899] (1).

. . . .

Vers le commencement de 1893, à la suite d'études très interessantes faites par un ingénieur français, l'attention du gouvernement français fut éveillée sur l'intérêt très grand qu'il y aurait pour nos récentes possessions de l'Oubanghi à rouvrir pour elles la véritable route commerciale qui permettrait leur mise en valeur, la voie qui existait au temps de la domination égyptienne, c'est-à-dire la voie du Bahr el Gazal et du Nil. D'autre part, notre influence tendant à se développer vers l'Abyssinie, il pouvait être important de relier nos possessions du nord du Congo avec les Etats du souverain qui marquait sa vive sympathie à nos compatriotes, le négus Ménélick.

Il n'était donc aucunement question, je le souligne ici, de prendre *attitude hostile* vis-à-vis de l'Angleterre, mais bien d'assurer l'avenir d'une portion notable de notre empire colonial.

Je fus chargé de l'exécution de ce programme avec pleins pouvoirs ; M. Delcassé était à ce moment sous-secrétaire d'Etat aux Colonies. J'organisai rapidement une avant-garde sous les ordres de M. le capitaine Decazes, secondé par MM. les lieutenants Ver-

_____

(1) Plon et Nourrit, éditeurs.

mot et François, de l'infanterie de marine; M. Paul Comte et le docteur Viancin.

J'avais obtenu que les missions en cours et le personnel en service dans l'Oubanghi relèveraient de mon commandement. C'est ainsi que M. Liotard, en particulier, alors directeur, fut placé sous mes ordres, et que Mme la duchesse d'Uzès accepta avec beaucoup de patriotisme que la mission privée alors dirigée par son fils, le duc Jacques d'Uzès, n'agirait que suivant mes directions. Le jeune duc d'Uzès était parti quelques mois auparavant, avec une mission que sa mère lui avait organisée, pour essayer de passer du bassin de l'Oubanghi dans le bassin du Nil.

A ce moment, notre occupation de l'Oubanghi était des plus modestes ; elle se réduisait à trois ou quatre postes qui ne pouvaient, vu la faiblesse des effectifs, avoir de rayonnement. M. Liotard faisait tous ses efforts, avec son merveilleux entendement des relations avec les indigènes, pour nous acquérir des sympathies, mais ses efforts se heurtaient aux puissants moyens d'action dont disposait l'Etat Indépendant du Congo. Celui-ci, trouvant les territoires du nord à sa convenance, s'y était installé malgré nos platoniques protestations, et y commandait en maître.

Notre prestige moral fut fortement entamé à ce moment par le massacre de M. de Poumayrac, administrateur, et de ses compagnons, par une peuplade voisine. M. Liotard était très empêché de venger nos compatriotes, lorsque arriva la mission du duc d'Uzès avec un effectif important.

Une très brillante opération, dirigée par MM. Julien, d'Uzès et Liotard, eut pour résultat le châtiment des rebelles, qui rendirent les têtes de nos infortunées victimes. Peu après, M. Julien, malade, était obligé de rentrer en France ; le duc d'Uzès le suivit bientôt, mais mourut en arrivant à la côte, fauché à la fleur de l'âge, alors qu'il venait de témoigner qu'un grand nom et une grande fortune peuvent toujours se mettre utilement au service de leur pays. En souvenir de sa mémoire, j'obtins de donner le nom de « duc Jacques d'Uzès » à l'une des canonnières qui furent construites pour mon expédition.

Telle était la situation de l'Oubanghi lorsque le capitaine Decazes y arriva avec deux cents hommes levés par lui pour ma mission.

Mais, à peine mon avant-garde avait-elle pris terre à Loango (août 1893) que l'Etat Indépendant, pensant nous faire reculer devant la difficulté de l'entreprise, accumula des troupes considérables vis-à-vis de notre petit poste des Abiras, et s'épandit au nord et à l'est, coupant toutes les voies dans la direction du Bahr el Gazal et du Nil.

On négocia, mais sans succès, pendant les mois d'août et de septembre; enfin, en octobre, au moment de mon départ inaiqué, le gouvernement estima que je ne pouvais partir sans que l'expédition fût fortement renforcée pour faire au besoin respecter nos droits par la force.

Il fut décidé que mon expédition serait augmentée d'un bataillon, et qu'on me donnerait les moyens indispensables pour créer des communications et me ravitailler.

Sur ces entrefaites, le ministère tombe, et les projets subissent un temps d'arrêt. On utilise mes services en m'envoyant à Berlin à l'occasion de la convention du Cameroun qui devait établir la délimitation de nos établissements de l'Oubanghi vers l'ouest et le nord, c'est-à-dire vers le Chari et le Tchad.

Après une série d'insistances de ma part, les négociations furent reprises avec l'Etat Indépendant à Bruxelles, mais sans succès encore (avril 1894).

Sentant alors que, quoique suspendue momentanément, l'expédition aurait lieu cependant, l'Angleterre songea à renforcer les prétendus droits de l'Etat Indépendant en lui cédant à bail, par la convention du 12 mai 1894, les territoires de la rive gauche du bassin du Nil.

Cette fois, la coupe était pleine, elle déborda ; une crise ministérielle survint, qui amena aux Affaires étrangères M. Hanotaux, et ramena aux Colonies M. Delcassé. Le 7 juin, du haut de la tribune, M. Hanotaux affirmait que nous ferions respecter nos droits et déclarait que je recevais l'ordre de partir immédiatement. Quelques jours après, un crédit de 1.800.000 francs était voté avec cette désignation significative : « *Défense des intérêts français en Afrique.* »

Le 16 juillet, je quittais Marseille, ayant obtenu les effectifs et les moyens que je demandais depuis plus de huit mois. J'avais obtenu aussi qu'une mission envoyée par l'Abyssinie tenterait de me joindre à Fashoda pour me ravitailler.

Le 7 août, l'expédition entière était rendue à Loango. Le 22, elle commençait son mouvement vers l'intérieur, lorsque je reçus un câblogramme du ministre des colonies, M. Delcassé, arrêtant l'expédition et m'envoyant avec une partie de mes effectifs à la Côte d'Ivoire.

Le motif invoqué était qu'un arrangement survenu le 14 août avec l'Etat Indépendant du Congo rendait mon expédition inutile.

Evidemment, ce motif était spécieux, car on peut se rendre compte, d'après les développements qui précèdent, que l'attitude hostile ou favorable de l'Etat Indépendant du Congo n'avait rien à voir avec l'objectif réel de la mission qui était d'occuper un point précis de la vallée du Nil, ue relier ce point par une série de postes à l'Oubanghi, de manière à créer un débouché à nos établissements.

Je ne puis croire que mon rappel, en même temps que celui de partie de mes troupes, ait eu une signification qui me fût personnelle, quoique cependant la mesure identique qui me frappa quelques mois après à la Côte d'Ivoire, alors que j'étais en plein corps à corps avec Samory, tendrait à le faire penser à ceux qui savent, et ils sont déjà nombreux, qu'on est bien vite suspect à servir utilement son pays. Ce qui me fait tenir ce langage, c'est qu'étant gouverneur de l'Oubanghi, muni de tous les pouvoirs politiques, civils et militaires, étant dépositaire des projets du gouvernement, mon poste était dans l'Oubanghi pour y poursuivre le projet de 1893, et non ailleurs.

. . . .

. . . .

ANNEXE II

Composition de la colonne de Kong.

Lieutenant-colonel Monteil, commandant supérieur de la colonne.

ÉTAT-MAJOR.

Commandant Pineau, chef d'état-major.

Capitaine Frottié, lieutenant Hutin, attachés à la personne du commandant supérieur ; capitaine Plé, chef du service topographique ; capitaines Marchand, Germain.

Lieutenants Baratier, Largeau et Braulot, ce dernier chargé du ravitaillement à Grand-Lahou.

Thomas, médecin-chef de la colonne.

Le Ray, médecin en second de la colonne.

Le Bideau, sous-commissaire, chef du service administratif.

Bretonnet, lieutenant de vaisseau, commandant de la flottille.

TROUPES.

Bataillon de tirailleurs sénégalais. — État-major, chef de bataillon Caudrelier, commandant ; Réjou, médecin ; Dumoulin, capitaine-major ; Testard, lieutenant officier payeur ; Puydupin, officier de détails.

9ᵉ compagnie. — Desperles, capitaine ; de Léséleuc de Kerouara et Billecocq, lieutenants.

10ᵉ compagnie. — Lallement, capitaine ; Grandmontagne et Vaudescal, lieutenants.

13ᵉ compagnie. — Germy, capitaine ; Lacour, lieutenant ; Carrère, sous-lieutenant.

14ᵉ compagnie. — Boussac, capitaine ; de Villadary, lieutenant ; Hesse, sous-lieutenant.

15ᵉ compagnie. — Tétart, capitaine ; Miribel (1), lieutenant ; Haye, sous-lieutenant.

---

(1) Le lieutenant Miribel, étant mort, fut remplacé, à la 15ᵉ commpagnie, par M. le lieutenant Ayrolles, qui mourut à Sattama, après le raid contre Samory.

4° compagnie haoussa. — Coué, capitaine ; Doudoux et Phélis, lieutenants.

2° haoussa. — Chartrain, capitaine ; Dez, lieutenant.

Génie. — Devrez, capitaine.

Artillerie. — Guigou, capitaine commandant la batterie de 80ᵐᵐ ; Bégon et Bourrat, lieutenants.

Capitaine Gougé, commandant la batterie de 42ᵐᵐ.

Spahis. — Dumas, capitaine ; Gervais, lieutenant.

Détachements de conducteurs. — Duboys, capitaine : Trémolière, sous-lieutenant (1).

Décompte des effectifs.

	OFFICIERS.	SOUS-OFFICIERS et SOLDATS européens.	INDIGÈNES.
État-major	16	8	15
Tirailleurs sénégalais	19	59	610
Tirailleurs haoussas	7	25	218
Batterie de 80ᵐᵐ	3	33	38
Batterie de 42ᵐᵐ	1	17	»
Conducteurs sénégalais	2	2	80
Spahis sénégalais	2	8	42
Génie	1	14	»
TOTAUX	51	166	1003
ENSEMBLE		1220	

Animaux : Chevaux, 90 ; mulets, 200.

NOTA. — Ces effectifs sont ceux des divers éléments au jour de leur arrivée.

Au 28 décembre, il y a déjà des vides nombreux, à cause de l'affaire de Bounoua et par suite de morts, rapatriement ou indisponibilité parmi les Européens.

---

(1) Les officiers décédés au cours de la colonne sont : MM. les capitaines Lallement et Desperles ; les lieutenants Grandmontagne, Miribel et Ayrolles.

ANNEXE III

BULLETIN DES OPÉRATIONS.

Combats de Bounoua des 9 et 16 novembre.

L'enlèvement de la position de Bounoua, à la suite des combats du 9 et du 16 novembre, constitue un brillant fait d'armes qui inaugure de manière insigne les opérations de la colonne de Kong.

Description de la position. — Le village de Bounoua, capitale de l'Akapless, était une énorme agglomération de 12.000 habitants environ, située à deux kilomètres au nord-est d'Impérié. Les cases du village formaient, au milieu de la forêt vierge impénétrable, un long couloir de trois kilomètres environ et de 100 mètres de large ; vers son extrémité sud-ouest, à hauteur du centre, la clairière s'élargissait jusqu'à atteindre 500 mètres : là était le village de Bounoua proprement dit, où résidaient les chefs rebelles Amangoua et Nongbo.

A l'extrémité sud du village, vers Impérié, était un premier village, dit village des Jeunes, s'étendant sur 150 mètres environ; puis venait le village de Coumassie, qui avait à peu près la même longueur. Ce dernier village fut organisé, par Amangoua, en une forteresse formidable, dont l'enceinte était constituée par trois rangs de palanques de 4 mètres de hauteur formés d'arbres verts de fort diamètre. Des tambours extérieurs flanquaient l'enceinte, pendant qu'à l'intérieur étaient, de distance en distance, des postes très solidement liés à celle-ci. Trois rangs de créneaux traversaient les palanquements ; des banquettes, des trous de tirailleurs placés à l'intérieur permettaient à l'ennemi d'utiliser trois étages de feux.

Les faces de la forteresse étaient : celle du sud, perpendiculaire au chemin d'Impérié ; celle de l'est, inclinée sur la direction de la route ; celle du nord, sensiblement parallèle à la première. La face de l'ouest n'était pas continue. De ce côté,

Kong.   4

les faces sud et nord avaient été prolongées : celle du sud, jusqu'à 300 mètres à l'intérieur de la forêt impénétrable. où elle
s'arrêtait ; celle du nord, jusqu'à un marais qui coupe la route
de Bounoua à Adjaoué. Une forte barricade établie sur le chemin
d'Adjaoué, en ce point, achevait la fermeture de la position.

De chaque côté du village des Jeunes, l'ennemi avait établi
des abris palanqués ou des abatis pour couvrir des tirailleurs
isolés ; enfin, à l'est de la direction d'Impérié à Bounoua, une
ligne de palanques presque ininterrompue longeait la route.

En résumé, la position formait camp retranché, lequel était
constitué par une enceinte continue de forts palanquements s'appuyant à Impérié et Adjaoué sur le fleuve, enveloppant vers
l'est le village des Jeunes et Coumassie. Le réduit de la défense
était la forteresse de Coumassie.

Le 5 novembre, M. le commandant Pineau, commandant les
troupes à Grand-Bassam, en remplacement du lieutenant-colonel
commandant supérieur, parti pour Grand-Lahou, et chargé par
ce dernier de l'opération contre Bounoua, se rendait dans la
rivière Comoé et dans la lagune Ono à bord du *Diamant*, pour
reconnaître la position. Cette reconnaissance, très superficielle,
permit seulement de définir les points de débarquement d'Yaou
et d'Impérié.

Dans la nuit du 8 au 9 novembre, la colonne, sous le commandement du commandant Pineau, quittait Grand-Bassam à bord
du *Diamant* et d'un certain nombre de vapeurs et chalands du
service local.

Elle se composait de :

La 10ᵉ compagnie moins une demi-section (capitaine Lallement);

Trois sections de la 13ᵉ compagnie (lieutenant Lacour);

Une section de miliciens (maréchal des logis chef Dignac) (1).

---

(1) Il ne faut pas oublier qu'au moment où le commandant supérieur
reçoit l'ordre du Ministre de châtier les gens de l'Akapless, la colonne entière est en voie de concentration sur Thiassalé.

A la date du 3 novembre, lorsque le commandant Pineau reçoit du commandant supérieur l'ordre de prendre le commandement de la colonne
contre Bounoua, la situation des divers groupes est la suivante :

Le commandant Pineau est resté à Grand-Bassam avec un peloton de la
10ᵉ compagnie (lieutenant Grandmontagne) pour achever l'évacuation des
magasins.

L'autre peloton de la 10ᵉ compagnie, avec le capitaine Lallement et le
lieutenant Vaudescal, après avoir protégé la construction de la ligne télégraphique le long de la côte, entre Grand-Bassam et Grand-Lahou, est
arrivé à Dabou, en route pour Thiassalé, laissant à Adda, sur la côte, une
demi-section, pour protéger en ce point le poste terminus du télégraphe.

La 13ᵉ compagnie, moins une section — celle du lieutenant Carrère —
procède à l'aménagement du chemin de Dabou à Thiassalé. Avec une section, le capitaine Germy, commandant la compagnie, est à mi-chemin de

En exécution de l'ordre général de mouvement donné le 8 au soir, un peloton de la 10ᵉ compagnie (lieutenant Grandmontagne) et une section de la 13ᵉ compagnie (sous-lieutenant Carrère) débarquaient à Yaou à 5 heures du matin et enlevaient brillamment le village, qui, surpris, ne fut que faiblement défendu.

Aussitôt reformée, la petite troupe se dirigeait sur Impérié, pour y protéger le débarquement du reste de la colonne.

Le débarquement de la 2ᵉ fraction fut retardé à Impérié par un brouillard très intense, qui empêcha de reconnaître d'abord le point de débarquement ; lorsque le brouillard se fut un peu élevé, vers 7 h. 45, une section de la 10ᵉ compagnie (lieutenant Vaudescal) fut mise à terre et enleva brillamment le village, malgré un feu assez vif. Heureusement, le retard fortuit apporté au débarquement avait permis à la colonne de droite d'arriver à Impérié et de garnir un mamelon élevé à l'est du village; si bien qu'au moment où la section Vaudescal arrivait à terre, les feux de salve du lieutenant Grandmontagne, prenant à revers les défenseurs de la ligne de palanques, les forçaient à évacuer les retranchements.

Après l'enlèvement du village d'Impérié et le débarquement total des troupes, commença la marche sur Bounoua, pendant laquelle la colonne, ne pouvant utiliser qu'un chemin unique, à cause de la densité de la forêt au travers de laquelle il circule,

Thiassalé, pendant que le 2ᵉ peloton de cette compagnie (lieutenant Lacour) est à Lopo.

Pour former la, colonne de Bounoua, le commandant supérieur donne l'ordre à la 10ᵉ compagnie de se rendre à Grand-Bassam ; le peloton Lacour doit revenir à Dabou pour rallier le même point.

En conformité de ces ordres, le 5 novembre la 10ᵉ compagnie, le 7 novembre le peloton Lacour, sont à,Grand-Bassam, à la disposition du commandant Pineau.

Le 6 novembre, rentre de Tigoua, une section de la 13ᵉ compagnie (sous-lieutenant Carrère), qui avait été détachée en ce point pour protéger le navire le Rhône, qui s'était échoué.

Le commandant Pineau dispose donc, pour la colonne de l'Akapless, de la 10ᵉ compagnie en entier moins une demi-section et de la 13ᵉ compagnie moins une section, qui est trop éloignée pour pouvoir faire retour.

De son côté, le commandant supérieur est à Grand-Lahou, pour constituer en ce point la base de ravitaillement de la colonne et faire procéder au débarquement des animaux, qui arrivent le 28 octobre du Dahomey avec la section de 80 millimètres, sous les ordres du lieutenant Bégon.

A Grand-Lahou est la 4ᵉ compagnie haoussa, débarquée le 27 octobre, venant du Dahomey. Elle est chargée des opérations de débarquement et de la construction des magasins.

Le 4 novembre, arrive à Grand-Lahou la 14ᵉ compagnie, venant du Sénégal (capitaine Boussac).

Au 3 novembre donc, le commandant supérieur a mis à la disposition du commandant Pineau les troupes disponibles, et celui-ci a fait connaître que les 10ᵉ et 13ᵉ compagnies, renforcées des miliciens qui se trouvent à Grand-Bassam, forment un effectif suffisant pour réduire la résistance de l'Akapless.

dut forcer le passage en fouillant par des feux de salve le front de marche et les flancs.

Vers 8 h. 1/2, la colonne arrive aux abords de l'éclaircie du village des Jeunes ; elle prend formation sur trois colonnes, d'une section chacune, les deux autres sections étant en réserve et les miliciens gardant le débarcadère d'Impérié. Malgré une vigoureuse résistance, le village est enlevé ; mais les lieutenants Hutin et Lacour, les sergents Fresnel et Bourhis tombent grièvement blessés. La chaîne, renforcée à ce moment par la section du lieutenant Vaudescal, s'élance à l'assaut, achève la traversée du village, mais est brusquement arrêtée à 50 mètres de la forteresse, dont l'existence était soupçonnée, mais la puissance de résistance inconnue. En quelques instants, nos pertes sont de trois morts (sergent Extanasié et deux tirailleurs) et soixante-cinq blessés.

Un nouvel effort amène la valeureuse troupe jusqu'à une vingtaine de mètres de la palissade, d'où part une fusillade ininterrompue.

A regret, le commandant de la colonne, qui voit son effectif réduit de plus du tiers de celui des troupes de l'attaque (1), doit renoncer à donner l'assaut à la forteresse.

Mais un devoir reste à remplir : il l'est héroïquement. Sous une fusillade qui dure près de deux heures, échangée à une distance d'une trentaine de mètres, a lieu la pénible opération de l'enlèvement des morts et des blessés. La colonne ne commence la retraite que lorsque ce pieux devoir est accompli en entier. En se retirant, elle brûle le village, et l'ennemi, pris de terreur, n'ose sortir de ses retranchements pour poursuivre la vaillante petite troupe, qui se replie en bon ordre sous la protection de la section du lieutenant Grandmontagne.

---

(1) L'effectif des troupes de l'attaque, en défalquant la section de miliciens restée à Impérié, était le suivant :

Etat-major : Commandant Pineau, lieutenant Hutin, docteur Thomas.

10e compagnie : Lallement, capitaine ; Grandmontagne et Vandescal, lieutenants ; 5 sous-officiers européens ; 1 clairon européen ; 84 sous-officiers, caporaux ou tirailleurs indigènes.

13e compagnie : Lieutenant Lacour, commandant ; Carrère, sous-lieutenant ; 4 sous-officiers européens ; 78 sous-officiers, caporaux et tirailleurs indigènes.

Au total : 8 officiers, 10 sous-officiers européens et 162 indigènes.

Or, au moment où le commandant Pineau renonce à donner l'assaut, les pertes de la colonne se décomposent comme suit :

Tous les officiers, sauf le docteur Thomas, sont blessés ou contusionnés, les lieutenants Hutin et Lacour très grièvement, le lieutenant Vandescal légèrement.

Parmi les Européens, un sergent tué (Extanasié), quatre grièvement blessés, un clairon contusionné.

Parmi les indigènes, 5 tués, 69 blessés.

La colonne d'attaque est donc réduite de près de la moitié de son effectif.

La colonne se retire ainsi, sans être inquiétée, sur le village d'Impérié, où elle arrive à midi. L'évacuation des blessés sur Grand-Bassam se fit dans l'après-midi, pendant qu'était reconnue une position dominante à l'est du village, où la colonne s'établit le lendemain.

Pendant tout le combat, les soins aux blessés furent, avec le plus brillant courage, donnés sur le lieu même par le docteur Thomas.

Le lieutenant-colonel commandant supérieur, prévenu par dépêche le 10 novembre à Lahou, dut envoyer chercher à Thiassalé la section d'artillerie de 80 millimètres de montagne, déjà parvenue en ce point avec ses munitions.

Le 12 au matin, l'artillerie était rentrée à Grand-Lahou et embarquée sur le *Thibet*. Le soir, le lieutenant-colonel quittait Grand-Lahou, avec la 14ᵉ compagnie de tirailleurs sénégalais (capitaine Boussac) et une section de la 4ᵉ compagnie haoussa ; le 14 au soir il arrivait à Grand-Bassam.

Le 15, à midi, le lieutenant-colonel, avec les troupes de renfort, quittait Grand-Bassam pour Impérié.

Ces renforts comprenaient :

Un détachement du génie (capitaine Devrez);

La section de 80 millimètres de montagne (maréchal des logis Cuvereaux) (1);

La 14ᵉ compagnie (capitaine Boussac);

Une section de la 4ᵉ compagnie de haoussas, sous-lieutenant Phélis).

En arrivant, à 2 h. 30, au camp d'Impérié, le commandant supérieur pouvait constater que la position militaire était parfaitement choisie, que le moral des troupes était excellent. Pendant les cinq jours qui avaient suivi le combat, l'ennemi, harcelé chaque jour, n'avait tenté aucune attaque ; de plus, une reconnaissance avait permis de trouver la communication de la route d'Impérié à Bounoua avec celle, plus à l'est, de Kodioboué à

---

(1) Pour les raisons de distances signalées au moment de la première affaire du 9 novembre, qui empêchèrent le capitaine Germy d'exercer le commandement de sa compagnie ; de même le lieutenant Bégon ne put prendre le commandement de sa section d'artillerie pour l'affaire du 16 novembre.

Après le débarquement de la section de 80 millimètres, le 27 octobre, à Grand-Lahou, les pièces et les munitions avaient été expédiées de Grand-Lahou sur Thiassalé, par la voie d'eau, tandis que le lieutenant Bégon, avec les mulets, avait traversé le Bandama, gagné Jacqueville, puis traversé la lagune, pour se rendre à Dabou. Engagé sur la route de Dabou à Thiassalé, le lieutenant Bégon, avec les mulets, transportait le matériel et les pièces de la batterie de 42 millimètres.

Il était donc impossible au commandant supérieur de rappeler en temps utile cet officier pour lui faire prendre le commandement de sa section.

Bounoua ; cette dernière semblait devoir permettre de tourner la
position de Coumassie, dont l'attaque du 9 avait seulement permis de définir la face sud.

Le 16 au matin, le commandant supérieur prenait la direction
d'une reconnaissance offensive sur deux colonnes, reconnaissance
qu'il se réservait de pousser jusqu'à l'attaque, s'il jugeait les
circonstances favorables, si surtout le mouvement de la colonne
de droite réussissait en temps opportun.

La colonne de droite (commandant Pineau) se composait de
la 10ᵉ compagnie (capitaine Lallement) et d'un peloton de la
14ᵉ compagnie (capitaine Boussac). Cette colonne devait suivre
le chemin de Bounoua jusqu'à sa bifurcation avec un chemin
transversal à l'est, à 400 mètres environ de la rencontre des routes
Yaou - Bounoua et Impérié - Bounoua. Elle devait suivre ensuite
ce chemin jusqu'à la rencontre du chemin Kodioboué - Bounoua,
par lequel elle devait prendre le contact avec l'est de la position
ennemie.

La colonne de gauche, sous le commandement du lieutenant-
colonel commandant supérieur, se composait d'une compagnie de
combat formée de trois sections de la 13ᵉ compagnie et d'une
section de miliciens sous le commandement de M. le lieutenant
Largeau ; d'une section de la 4ᵉ compagnie de haoussas (sous-
lieutenant Phélis); d'un détachement du génie (capitaine Devrez), et de la section de 80 millimètres de montagne, placée,
pour la circonstance, sous le commandement du capitaine Marchand.

En réserve générale, était une section de la 14ᵉ compagnie à la
bifurcation des chemins ; enfin, la 4ᵉ section de la 14ᵉ compagnie
était laissée à la garde du camp.

De nombreux porteurs de Grand-Bassam, sous la conduite de
leur chef Assouan, portaient les munitions d'artillerie, les outils
et les munitions de réserve d'infanterie.

A 6 h. 1/2, les deux colonnes se mettaient en marche ; celle
de droite, dont la route était plus longue, la première ; elle était
immédiatement suivie par la colonne de gauche.

A 7 h. 1/2, l'avant-garde de la colonne de gauche (lieutenant
Largeau) aborde la clairière du village des Jeunes, dont il ne
reste que quelques ruines : l'ennemi a tout abattu après le combat du 9 pour se ménager un champ de tir plus étendu. A 7 h. 40,
on arrive en vue de la palissade sans avoir essuyé un coup de
fusil. A 100 mètres de celle-ci, la section d'avant-garde s'établit
en position perpendiculairement à la route et exécute des feux
de salve pour permettre à l'artillerie de prendre position.

Celle-ci prend position, pendant que l'ennemi répond au tir de
la section établie par de nombreux coups de fusil.

Le tir de l'artillerie est dirigé sur le centre de la face, mais on peut bientôt constater qu'il n'est guère efficace. Sur la gauche, on reconnaît, un moment après, une position de batterie qui permet d'enfiler la face est de la palissade.

Le détachement du génie, bien dirigé par le capitaine Devrez, déblaie le champ de tir de l'artillerie, dont les pièces sont servies avec beaucoup de bravoure et d'entrain.

Aussitôt que l'artillerie a pris cette nouvelle position, le tir de la défense mollit sensiblement et cesse brusquement quand parvient le bruit des feux de salve de la colonne de droite. Il est 8 h. 15. Le commandant supérieur envoie prévenir le commandant Pineau que l'assaut sera donné à 8 h. 1/2.

Mais bientôt on s'aperçoit que la forteresse doit être dégarnie de ses défenseurs ; le capitaine Frotiée, de l'état-major, qui s'est défilé par la gauche, paraît tout à coup à cheval sur la palissade et crie que l'ennemi a abandonné la position ; à 8 h. 20, après quelques feux de salve, la baïonnette est mise au canon et l'assaut est donné.

L'escalade de la palissade, faite par la section de chaîne, est des plus laborieuses ; celle-ci, attaquée ensuite à la hache par les soldats du génie, présente une résistance inouïe ; il faut plus d'un quart d'heure pour faire une brèche praticable au passage des pièces.

Le commandant supérieur peut constater que le tir de l'artillerie, malgré sa grande précision, a été d'effet à peu près nul.

C'était une forteresse qui eût été enlevée seulement au prix de pertes considérables, malgré l'artillerie, si les défenseurs, déjà terrorisés par le souvenir du combat du 9, n'avaient pas eu la crainte de voir leur retraite coupée par la colonne de droite.

Pendant ce temps, la colonne de droite, ayant entendu la sonnerie de la charge, se portait sur Bounoua, s'en emparait et peu après le livrait aux flammes. Furent brûlés aussi les villages de Bing et de Coumassie. L'enceinte de la forteresse fut également détruite, les palanques furent mises en bûcher.

A 9 h. 1/2, la colonne était de retour au camp d'Impérié, sans avoir subi aucune perte ; les deux ou trois atteintes se réduisaient à des contusions sans gravité.

Le combat du 16 avait été préparé par le combat du 9, où l'ennemi avait eu à reconnaître la bravoure et la ténacité indomptables de nos troupes et de leurs chefs (1).

---

(1) Quelques jours après, les chefs rebelles Amangoua et Nongbo faisaient leur soumission.

La colonne de Kong, par la répression de l'insurrection de l'Akapless, avait sauvé Grand-Bassam d'une ruine certaine.

Ces événements eurent leur répercussion dans toute la vallée du Comoé

A l'occasion de ces deux journées, le lieutenant-colonel commandant supérieur adresse ses félicitations à tous les officiers et hommes de troupe qui y ont pris part. La valeur des troupes de la colonne de Kong s'est affirmée d'une manière éclatante qui permet d'augurer favorablement de la suite de la campagne.

Le colonel est heureux de citer à l'ordre du jour des troupes de la colonne expéditionnaire de Kong les officiers, sous-officiers et soldats dont les noms suivent, qui seront l'objet de citations spéciales :

M. le commandant *Pincau ;*

MM. les capitaines *Marchand* et *Frotiée*, de l'état-major ;

M. le capitaine *Devrez*, du génie ;

M. le docteur *Thomas ;*

MM. les lieutenants *Hutin, Grandmontagne, Lacour, Vaudescal, Largeau ;*

M. le sous-lieutenant *Carrère ;*

Les sous-officiers *Colinet*, sergent-major ; *Dignac*, maréchal des logis chef ; *Fresnel, Bourhis, Béroud, Goursat*, sergents ; *Valée*, sergent fourrier ;

Le clairon *Epercieux ;*

Les sergents *Fay* et *Pothier*, du génie ;

Le maréchal des logis *Cuvereaux*, de la section d'artillerie.

Langlois, premier maître commandant le *Diamant*, mérite également une citation pour le concours efficace qu'il a donné aux opérations.

Les sous-officiers indigènes *Mahmadou Amadou, Amadou Ciré* et *Mamadou Diadé*, de la 10ᵉ compagnie ;

Les caporaux indigènes *Dodds*, de la 13ᵉ compagnie ; *Tali ben Sibi*, de la 10ᵉ compagnie ; *Latiasi N'Gone*, de la 13ᵉ compagnie ;

Les tirailleurs *Samba Diallo*, de la 13ᵉ compagnie ; *Malal Samba*, de la 10ᵉ compagnie.

Le présent bulletin sera inscrit au journal de marche de l'état-major et des troupes de différentes armes.

Grand-Bassam, le 18 novembre 1894.

Le lieutenant-colonel commandant supérieur,
MONTEIL.

---

et dans l'Indénié en particulier, qui, sérieusement agité depuis plusieurs mois, se trouva pacifié comme par enchantement.

ANNEXE IV

Débarquement des animaux.

La colonne de Kong éprouva, nous l'avons vu, de nombreuses difficultés pour s'organiser. Complètement disloquée à son départ du Congo, elle dut attendre, soit de France, soit d'Algérie, soit du Sénégal, soit du Dahomey, les hommes, les animaux, le matériel de guere, les approvisionnements de toute nature.

La coordination de ces éléments, arrivant isolément, était déjà une tâche complexe pour le commandement ; cette tâche fut aggravée encore du fait que le déchargement des navires, la mise à terre du personnel et du matériel présentèrent des difficultés et des dangers inconnus jusqu'à ce jour dans les expéditions coloniales.

La préparation fut longue, ardue et périlleuse à la fois ; elle nécessita un labeur constant de la part de tous, officiers et soldats, et c'est grâce seulement au dévouement inlassable de tous que le succès final put être atteint.

Sans nous étendre plus longuement sur les soucis et fatigues de toutes sortes qui marquèrent cette période, il est intéressant cependant d'exposer certains des moyens qui furent mis en œuvre pour réaliser ce premier objectif capital : la préparation.

Parmi ceux-ci, il y a lieu de retenir le procédé employé pour la première fois pour débarquer les animaux.

Les navires ne peuvent en aucun point accoster à la Côte d'Ivoire ; ils mouillent en rade foraine, à une distance moyenne de 1.000 mètres d'une double ligne de brisants qui déferlent sur une côte sablonneuse. Pour décharger, les navires ne peuvent utiliser leurs moyens habituels, chaloupes à vapeur, chalands ou embarcations. C'est de terre qu'il faut que des embarcations spéciales se rendent à bord pour y chercher le personnel ou le matériel, afin de le ramener à la côte. Avant de dire ce que sont ces embarcations et les conditions dans lesquelles elles font leur service, nous montrerons, par quelques chiffres éloquents, le mouvement total de voyages d'embarcations auquel la préparation de la colonne a donné lieu.

Une embarcation (surfboat) peut porter, par beau temps, c'est-à-dire quand la barre est belle, soit 10 hommes, soit un animal, soit une tonne de matériel.

Or il a été débarqué par ces moyens à la Côte d'Ivoire : 1.200 hommes, 305 animaux et 3.000 tonnes de vivres ou matériel.

Donc 3.400 voyages de surfboat ont été nécessaires pour mettre à terre les effectifs, les animaux, le matériel et les vivres de la colonne de Kong (1).

Le surfboat est une grande baleinière de 10 mètres de long et de 2 mètres de largeur, dont la membrure est consolidée par des bandes de fer fortement boulonnées, destinées à empêcher que l'embarcation ne s'ouvre sous l'effort des lames ou par l'effet des accostages qui se produisent sur la plage avec des vitesses vertigineuses.

L'armement spécial de ces embarcations est constitué par des Kroumen (habitants de la côte de Krou), depuis longtemps familiarisés avec leur manœuvre, et seuls ils sont capables de les monter et de réaliser les prodiges d'habileté et de sang-froid que nous allons décrire.

L'équipe se compose de 10 rameurs et d'un barreur. Chaque rameur est muni d'une pagaie, courte et large à l'extrémité, qu'il manie en la plongeant verticalement dans l'eau, assis sur le plat-bord de l'embarcation. Le barreur, debout à l'arrière, se sert d'un long aviron de queue en guise de gouvernail.

La manœuvre de sortie de l'embarcation est la suivante : Le patron monte seul à l'arrière ; les autres hommes font glisser l'embarcation à l'eau et la maintiennent jusqu'à ce que le patron, qui regarde au loin, fasse signe de pousser l'embarcation au brisant. Dès que l'embarcation est engagée, les hommes sautent à bord et aussitôt se mettent à nager avec vigueur. Si le moment n'a pas été bien choisi par le barreur, l'embarcation n'aborde pas le brisant en position favorable, elle chavire sur la barre, et, si les hommes ne sautent pas prestement à la mer, ils risquent d'être pris sous elle et tués. De pareils accidents ne sont que trop fréquents quand les hommes sont fatigués ou ivres de gin. Même habilement pratiquée, la sortie de barre est toujours une opération dangereuse, qui exige beaucoup de sang-froid. C'est risquer chaque fois la vie de onze êtres humains.

La rentrée du large s'opère ainsi : A une centaine de mètres du premier brisant (en temps ordinaire il y en a deux, il en existe trois par mauvaise barre), le patron arrête sa baleinière, les hommes restent prêts à plonger leurs avirons pour donner un effort immédiat. Le patron regarde au large, et son expérience

(1) Il y a lieu d'ajouter que, faute de main-d'œuvre indigène, les troupes de la colonne durent décharger les embarcations et faire les transports et manutentions nécessaires pour l'emmagasinement des denrées.

lui permet de distinguer de fort loin la lame qui pourra le porter à terre sans déferler d'une trop grande hauteur.

L'habileté du barreur consiste à faire nager son équipe assez à temps pour que la lame n'atteigne l'embarcation qu'au moment où elle déferlera à terre presque rasante, et qu'en même temps cette lame ne soit pas suivie de trop près par une autre qui viendrait couvrir la baleinière au moment où elle arrive à la côte. La manœuvre de rentrée, pour être moins périlleuse que celle de sortie, surtout par mauvaise barre, est très délicate cependant. Rarement une embarcation arrive à la plage avec son équipe ; les hommes, en général, sautent hors de la baleinière au passage de la volute, s'ils sentent l'arrière soulevé par la lame. Nous n'avons guère vu les équipes rester à bord que pendant les débarquements de troupes, car alors les patrons prennent plus de précautions et attendent parfois un quart d'heure et plus la lame sûre pour éviter les accidents (1). Malheureusement, pour les transports de matériel, il n'en était pas de même ; il fallait aller vite, car les navires n'avaient souvent que quelques heures à passer sur rade ; les patrons et les équipes, intéressés à faire le plus grand nombre de voyages possibles, profitaient des occasions même douteuses, et les baleinières arrivaient en plage vides de leur équipe, mais pleines d'eau.

Que de vivres, insuffisamment préservés par des emballages qui eussent dû être appropriés, furent avariés par les passages de barres !

Le débarquement des animaux présenta des difficultés d'un ordre particulier.

Il ne fallait pas songer à mettre les animaux à la mer pour les faire nager vers la plage, car ils eussent été roulés dans la barre et noyés.

Pas davantage il n'eût été pratique de les descendre dans les

---

(1) Lors du débarquement, à Grand-Bassam, de la 13e compagnie, le 17 octobre, un pénible accident, le seul du genre fort heureusement, vint attrister la colonne.

Le capitaine Germy, commandant la compagnie, débarquait le dernier, après avoir assuré le débarquement de sa troupe.

Dans son embarcation avait pris place le sergent Guizard. Sur la barre, l'embarcation, soulevée de l'arrière par la volute, chavira. L'équipe put sauter à la mer, mais le capitaine et le sous-officier furent pris sous la lourde baleinière. On se porta à leur secours ; tous les assistants étaient en proie à la plus vive anxiété. Par miracle, tous deux étaient en vie. Le capitaine Germy, sain et sauf, se releva, un peu brisé par la chute et par l'émotion ; le sergent Guizard, sans blessures apparentes, se plaignait de douleurs internes à la poitrine. On le transporta à l'ambulance, où nous avions, hélas ! la douleur de le voir expirer le lendemain, malgré les soins attentifs et éclairés dont il fut l'objet.

Un warf, établi depuis quelque temps à Grand-Bassam, permet de débarquer aujourd'hui sans trop de péril.

embarcations après avoir eu le soin de leur amarrer les pattes ;
car, à supposer que cette opération de descente eût été possible
par les moyens du bord, il n'en eût pas été de même à terre, où il
n'existait ni grue ni mât pour les sorties des surfboats. De plus,
le moyen n'eût pas été sans provoquer de graves accidents chez
des animaux aussi nerveux que les chevaux et les mulets.

Après étude de la question, le commandant supérieur s'avisa
d'un procédé qui donna des résultats parfaits ; grâce à ce procédé, les 305 animaux du corps expéditionnaire furent débarqués
sains et saufs, sans même une atteinte.

Un seul mulet, tombé accidentellement à la mer du pont du
Kabyle, fut noyé dans la barre.

Voici la description de ce procédé :

Les opérations se divisaient en deux parties : les opérations
du bord, les opérations de terre.

Au moment où le commandant supérieur connut que des animaux devaient lui être envoyés du Dahomey, du Sénégal et de
l'Algérie, il demanda qu'en même temps que les animaux fussent
embarqués un certain nombre de box (huit au total).

Ces box devaient être munis d'une porte à l'arrière, être capi-
tonnés à l'intérieur et découverts à la partie supérieure. De
plus, sur les quatre montants, devaient être fixés quatre forts
anneaux.

A bord, l'animal était poussé dans le box, et la porte était
ensuite fermée; le box était alors descendu dans l'embarcation et
brêlé fortement aux bancs avant et arrière de celle-ci, au moyen
de cordes qui passaient par les anneaux des montants.

L'embarcation se mettait en route vers la barre, dans les conditions décrites ci-dessus.

Sur la plage, en face du point d'arrivée de chaque embarcation, était placée une section de tirailleurs destinée à la recevoir.
Un sergent, muni d'une longue corde terminée par un grappin,
fixait ce dernier dans un anneau situé sur l'étrave de la baleinière, et aussitôt les hommes pesaient sur la corde pour empêcher l'embarcation de suivre le retrait de la lame. Puis, la section se plaçait en entier d'un côté de la baleinière et, au commandement, la soulevait comme pour la chavirer. Lorsque le
box, dans ce mouvement, arrivait à être horizontal, l'animal de
lui-même glissait hors du box sur le sable. Le palefrenier qui
avait accompagné l'animal dans son voyage, debout sur le banc
de l'embarcation et lui tenant, par le moyen de la bride, la tête
élevée pour l'empêcher de se défendre, le faisait relever et le
promenait pendant une demi-heure le long de la plage.

Nous avons tenu à donner en détail l'explication de cette méthode de débarquement, parce qu'elle peut être utilisée pratiquement dans des circonstances analogues.

Pour montrer combien le débarquement des animaux sur une plage semblable présentait de chances douteuses de réussite, il nous faut citer ici la scène qui se passa lors de l'arrivée du *Richelieu* sur rade de Grand-Lahou, entre le capitaine Landard, commandant du navire, et le commandant supérieur.

Le 4 novembre au matin, le *Richelieu*, affrété du Sénégal à destination de la colonne, amenait la 14e compagnie de tirailleurs, un détachement de conducteurs, 50 mulets et 74 chevaux.

Ayant mouillé son navire à environ un mille de la barre, le capitaine vint à terre voir le commandant supérieur et s'entendre avec lui pour le déchargement de son navire.

Le capitaine Landard commandait depuis de longues années à la côte d'Afrique ; c'était un marin habile et un praticien expérimenté, connaissant les difficultés et les risques des passages de barres.

A peine arrivé dans la tente du commandant supérieur, il lui manifesta combien il trouvait invraisemblable qu'on l'eût envoyé pour transporter des animaux qu'il serait impossible de débarquer. « Je prévois, ajouta-t-il, que je ne vais pas rester longtemps ici, car aussitôt la compagnie de tirailleurs et les vivres à terre, et ce sera l'affaire de la journée, je pourrai relever pour Dakar. Aussi, colonel, voulez-vous me faire préparer le courrier, de manière que je ne roule pas inutilement au large; de manière aussi à éviter à l'Etat les frais de surestarie. Les gens qui connaissent cette côte m'avaient bien prévenu, lors de mon départ, qu'il était de toute impossibilité de débarquer des animaux ; mais, maintenant que j'ai vu la barre, que je connais les moyens dont vous disposez, je dois reconnaître que c'est une entreprise folle. On rira bien à Dakar en me voyant revenir avec mon chargement ; il y aura foule sur le quai, car la mésaventure est à l'avance escomptée. »

Le commandant supérieur, sortant de sa tente, invita le capitaine Landard à l'accompagner et le conduisit au parc d'artillerie, où il put voir les 15 mulets de la section d'artillerie du lieutenant Bégon à la corde, en parfait état et mangeant avidement. Sa surprise fut extrême, et aussitôt l'idée lui vint qu'il allait bien rire à son tour de la stupéfaction des prophètes de Dakar, lorsqu'il reviendrait après une réussite inespérée.

« Mais alors, demanda-t-il, combien de jours allez-vous me retenir ici?... Car, à raison d'un animal par embarcation, étant donné l'éloignement du navire, c'est au maximum une vingtaine d'animaux que nous pourrons débarquer par jour.

— Si vous voulez vous prêter à l'opération, c'est une affaire de quarante-huit heures au plus répondit le colonel. »

Et aussitôt, grâce à la confiance mutuelle qu'ils avaient l'un dans l'autre, le commandant supérieur et le capitaine Landard arrêtèrent les dispositions suivantes, qui constituaient, en elles-mêmes, un gros risque pour le navire, risque que pouvait seul se permettre de tenter un homme de l'habileté de son capitaine.

Le commandant Landard accepta de rapprocher son navire de la barre à la toucher ; de cette manière, la distance à parcourir par les baleinières était réduite des trois quarts, et le commandant supérieur s'engageait à faire surveiller par des pratiques du pays l'état de la mer pour pouvoir signaler immédiatement au navire d'avoir à s'éloigner si la sécurité était menacée. A la nuit, le *Richelieu* devait reprendre son mouillage au large.

Grâce à ces dispositions, quarante-huit heures après son arrivée, le *Richelieu* était déchargé. A 10 heures, le 6 au matin, le capitaine Landard, très ému et rayonnant de satisfaction, était de nouveau à terre dans la tente du commandant supérieur :

« Le courrier, colonel, le courrier que je parte tout de suite. Quelle surprise sensationnelle va être mon retour à Dakar! Vous ne pouvez vous en faire idée ; ils m'ont assez blagué les goélands de la rade! A mon tour maintenant. Je vais forcer de vitesse pour mon retour, si bien que, de terre, quand le *Richelieu* sera signalé après une absence si courte, on croira que je n'ai pu que me présenter ici et faire retour au plus vite. A mon tour de me payer leur tête ! »

A midi, le *Richelieu* quittait Grand-Lahou.

Le commandant supérieur, en rendant compte au Ministre du concours si efficace et si dévoué que le capitaine Landard avait prêté à la colonne expéditionnaire, demandait pour ce bon Français la croix de chevalier de la Légion d'honneur. Les titres du capitaine Landard étaient déjà nombreux à cette distinction : depuis longues années, il avait accumulé les services et les sauvetages; aussi la proposition reçut-elle le meilleur accueil de la part du gouvernement, et le commandant Landard porte avec fierté la croix qu'il a noblement gagnée.

ANNEXE V

Insurrection du Baoulé. — Extrait d'une lettre au Ministre.

. . . .

« .....Je crois devoir, Monsieur le Ministre, en vous faisant un exposé des événements de ces trois derniers mois, vous montrer que les préoccupations militaires (1), auxquelles vous faites allusion, ont été et sont encore le résultat de l'inéluctable nécessité, et que, si j'avais cédé prématurément au désir de mettre sous vos yeux des résultats immédiats, nous nous trouverions en ce moment en présence de cruels mécomptes, pour ne pas dire davantage.

» Je vous ai signalé que, dès le commencement d'octobre, j'avais envoyé à Thiassalé M. le commandant Caudrelier, avec une compagnie pour installer en ce point la base d'opérations. Cet officier supérieur devait juger de l'état de la route Dabou - Thiassalé et prévoir les travaux qui y seraient nécessaires pour la rendre muletière.

» Il devait en outre organiser la ligne de ravitaillement vers le nord, en poussant un petit poste d'abord à Toumodi, où se trouvait déjà un administrateur civil, M. Monteil, puis, plus tard, lorsque d'autres troupes lui seraient venues, en pousser un autre à Kodiokofikrou, où déjà était installé M. l'administrateur Nebout. Ces petits postes avaient pour effet de jalonner la route et d'escorter, en cas de besoin, les convois.

» M. le commandant Caudrelier, dès l'occupation de Toumodi par un peloton de la 9e compagnie (30 octobre), se préoccupa, sur mon ordre, d'évacuer le ravitaillement qui s'accumulait à Thiassalé. Le seul mode à employer était le portage, et les populations n'étaient pas, il faut le reconnaître, sans témoigner d'une certaine répugnance pour ce service.

» De ce chef, commencèrent des difficultés qui n'ont cepen-

---

(1) Cette lettre au Ministre, qui relate les incidents principaux de la guerre du Baoulé, était écrite de Toumodi au commencement de février, en réponse à un câblogramme des Colonies s'étonnant que la colonne de Kong s'attardât à des opérations *militaires inutiles*, alors qu'il y avait urgence d'envoyer dans le Nord des missions pour s'opposer aux progrès des Anglais dans la boucle du Niger.

Il est aisé de se rendre compte combien était impossible la réalisation de pareilles instructions en présence et de l'insurrection du Baoulé et de l'occupation par Samory de toute la région nord entre Bandama et Comoé.

dant eu aucune influence véritable sur les événements qui devaient suivre.

» Les populations du Baoulé, d'après les rapports de M. le capitaine Marchand, étaient représentées comme douces et timides, incapables d'apporter le moindre mauvais vouloir à notre passage, mais, d'autre part, paresseuses et ne se souciant guère du péril qui pouvait les menacer de la part de Samory, sauvages et renfermées à ne vouloir donner un seul renseignement.

» On convint, dans le principe, que les convois seraient faiblement escortés, puis même qu'on essaierait les convois libres. Les deux systèmes donnèrent des résultats déplorables ; à partir de Ouosso, c'est-à-dire la 2ᵉ section de la route, les pillages s'organisèrent au point que les quatre cinquièmes du ravitaillement furent pillés par les indigènes. Cependant, le portage était payé au tarif de 0 fr. 50, plus la ration. Devant ces déplorables résultats et l'impossibilité où était le commandant Caudrelier de former des escortes plus nombreuses, je donnai l'ordre de faire suspendre les opérations jusqu'à l'arrivée de la colonne à Thiassalé.

» A la fin de novembre, après le règlement de l'affaire de Bounoua, je mettais la colonne en marche par Dabou sur Thiassalé. Cette route, je l'ai dit, avait été aménagée pour la rendre muletière ; mais, lors du passage du commandant Caudrelier et de diverses fractions, des pillages partiels, ou plutôt des vols, avaient été commis, en particulier par le village ue Lopo. En prévision du passage de la colonne, je fis occuper ce village, situé à 20 kilomètres de Dabou, par la 10ᵉ compagnie.

» L'enseignement de Bounoua était récent et connu : le résultat fut parfait, et, dans une région où, jusque-là, le portage n'avait pu s'organiser, je trouvai 700 porteurs dont je n'eus que lieu d'être satisfait ; d'ailleurs, je mis tout en œuvre pour rassurer les chefs et les populations. Dans la 2ᵉ section de la route, jusqu'à Thiassalé, les résultats furent semblables, et les chefs me promirent des porteurs pour faire du transport au delà de Thiassalé.

» Rendu à Thiassalé le 9 décembre il semblait que la délicate question fût résolue pour l'avenir. Or il faut se rendre compte que, quoique j'eusse à ce moment sous la main tous les éléments de la colonne, il ne fallait pas songer à réaliser, par nos moyens seuls le ravitaillement, qu'il fallait transporter à Kodiokofi (200 kilomètres environ de Thiassalé) pour une colonne de 100 Européens et 600 indigènes pour deux mois. (C'était la quantité minimum à laquelle je m'étais arrêté après examen approfondi de la question.)

» Le nombre de charges à transporter dans ce seul but était de plus de 4.000; or, avec 160 mulets environ (nombre qui restait à cette date), il était, vous pouvez vous en rendre compte, impossible de rien accumuler : on eût tout consommé en cours de route.

» Mais j'étais à peu près tranquillisé, car les habitants, qui semblaient avoir été seulement effrayés à la vue de nos soldats et de nos animaux (chevaux et mulets, qu'ils voyaient pour la première fois), avaient repris confiance ; les porteurs affluèrent. Du 14 au 27 décembre, il partit près de 800 charges par porteurs de Thiassalé.

» Le capitaine Marchand aussi bien que les administrateurs préconisaient les convois libres et le paiement immédiat en marchandises effectué dès le portage terminé. J'organisai, en conséquence, un petit poste intermédiaire à Ouosso (16 décembre), limite du portage venant de Thiassalé, avec l'adjudant Collinet, muni d'un stock de marchandises. Mais, pour la sécurité des convois, je repris le système qui m'avait réussi sur la route de Dabou à Thiassalé, et, le 19 décembre, j'envoyai la 15e compagnie (capitaine Tétard) entre Brimbo et Ouosso, pour surveiller le portage et surtout rassurer les villages sur les raisons et les conséquences de notre passage, les inviter à nous fournir des porteurs en leur faisant ressortir les avantages qu'ils pouvaient tirer de ce service, et leur montrer, par l'exemple de ceux de la région de Thiassalé, qu'ils ne seraient ni vexés ni molestés. Le 22 décembre, je faisais partir le détachement du génie (capitaine Devrez), pour aménager la route pour les mulets de Brimbo à Ouosso ; il devait ensuite rendre praticable aux voitures Lefèvre la route de Ouosso à Toumodi.

» Ainsi, les convois étaient couverts, et cependant des porteurs pouvaient marcher librement, car ce qui semblait leur importer davantage était de pouvoir forcer les étapes, ou se reposer à leur guise.

» Quelques jours après, le 24 décembre, j'envoyai le commandant Caudrelier, avec la 10e compagnie, sur Toumodi, pour centraliser les opérations en ce point et prendre le contact avec les populations entre Ouosso et Toumodi. Cette dernière région me paraissait suspecte à la suite des vols qui m'avaient obligé d'interrompre le ravitaillement, et, avant l'envoi du commandant Caudrelier, j'avais déjà fait parcourir la région à l'ouest par le lieutenant Doudoux, que j'avais envoyé (14 décembre) prendre le commandement du poste de Toumodi avec son peloton (4e haoussa) et y relever un peloton de la 9e compagnie (capitaine Desperles) qui avait été rejoindre le 1er peloton de sa compagnie à Kodiokofi. À l'est, j'avais chargé M. le lieutenant Baratier (13

·décembre) de se mettre en rapport avec les divers chefs et de lever les routes ; cet officier était accompagné de son seul ordonnance.

» Le 26 décembre, je faisais partir la 14ᵉ compagnie (capitaine Boussac) pour se rendre à Kodiokofi ;. elle devait y remplacer la 9ᵉ compagnie, que je comptais détacher avec le capitaine Marchand vers Sattama (Djamala). Ce dernier officier, étant souffrant, devait rejoindre en route la compagnie Boussac.

» Le 27, partaient pour passer le Bandama les batteries de 80 millimètres et 42 millimètres, sous le commandement du capitaine Guigou.

» Enfin. le 28, je quittais Thiassalé, avec l'état-major et l'escadron de spahis ; le détachement de conducteurs devait suivre le lendemain, avec la 13ᵉ compagnie. A ce moment. outre les charges parties pour Ouosso, il y avait près de 2.000 charges à Brimbo, que les divers convois de mulets y avaient apportées, et que je comptais faire porter en avant en grande partie par les mêmes moyens.

» A cette date, toute la colonne est en mouvement entre Thiassalé et Toumodi ; les trois quarts du ravitaillement sont en route, et les postes de Ouosso, Toumodi, Kodiokofi sont approvisionnés à deux mois pour leur garnison normale. Au 28 décembre, la répartition des troupes, en conformité des ordres donnés, doit être la suivante :

» La 15ᵉ compagnie : une section à Brimbo ; une section à Singonobo (capitaine Tétard); une section à Akuakrou (lieutenant Haye); une section à Ouosso, avec le détachement du génie (capitaine Devrez), pour les travaux de la route.

» La 14ᵉ compagnie (capitaine Boussac) a dû quitter, le 28 au matin, Singonobo, à destination d'Ouosso. Le commandant Caudrelier, avec la 10ᵉ compagnie (lieutenant Grandmontagne), a dû quitter Ouosso pour Toumodi.

» Sur la route entre Brimbo et Ouosso sont deux convois, l'un de 120 porteurs portant les petites voitures Lefèvre démontées et des vivres, et un convoi de 129 porteurs de munitions, qui vont à Ouosso. Ces deux convois, escortés, le premier par une section de la 15ᵉ compagnie (sergent Ventzel), le deuxième par le sergent Duverdier de Marcilly avec quelques hommes, marchent, le premier en avant de la 10ᵉ compagnie entre Singonobo et Ouosso, le deuxième entre la 10ᵉ et la 14ᵉ.

» Le lieutenant Baratier, ayant exécuté la tournée qui lui a été prescrite, est rentré à Singonobo, d'où. avec le commandant Caudrelier, il est parti, le 25, pour aller visiter la section de la 15ᵉ à Ahuakrou, où la situation est bonne. A Toumodi enfin était un peloton haoussa (lieutenant Doudoux), moins une demi-section détachée à Ouosso, avec l'adjudant Collinet.

» En débarquant sur la rive gauche du Bandama, le 28, je trouve le capitaine Tétard, qui me remet une lettre reçue dans la nuit (1 heure du matin) de M. le lieutenant Haye, qui a été brusquement attaqué dans la journée du 27 et a eu de nombreux blessés ; il considère sa situation comme désespérée et demande secours immédiat. Fort heureusement, la 14e compagnie est là qui se met immédiatement en marche, guidée, au milieu de la nuit, par le lieutenant Baratier, arrive sur le village à 5 heures du matin, surprend les habitants et délivre M. le lieutenant Haye, dont la position était des plus critiques. Sur un détachement de 25 hommes, il avait eu 2 hommes tués, dont un en essayant de porter un courrier, et 14 blessés, dont le sergent européen Lebeau, grièvement atteint, et le sergent indigène Samba Couloubaly. M. Haye lui-même était blessé légèrement. Il avait été obligé de se renfermer avec ses morts et blessés dans une case du village ; il avait tenu toute la journée du 27 sans vivres, presque sans eau, admirablement secondé par ses deux sous-officiers européen et indigène. Ayant tenté d'envoyer un courrier, le premier tirailleur avait été tué, le deuxième grièvement blessé de quatre coups de feu ; le troisième avait pu passer à la faveur de la nuit, laissant ses cartouches à ses camarades. Cet homme, dont le nom est Tankary Taraouré, a, par son courage, sauvé la section de M. le lieutenant Haye : je vous demande instamment pour lui, Monsieur le Ministre, la médaille militaire, qui ne saurait figurer sur une plus valeureuse poitrine.

» Dans l'opération de secours, la 14e compagnie eut deux blessés ; en outre, le cheval de M. le lieutenant Haye avait été tué. Ces renseignements me sont rapportés par M. le capitaine Boussac lui-même, qui arrive à Brimbo à 1 heure de l'après-midi.

» Le jour même, je me portai à Singonobo, avec le docteur Thomas, pour les soins à donner aux blessés : puis, de retour le lendemain à Brimbo, j'y confiais au capitaine Germy la construction d'un poste fortifié pour défendre le magasin, et le 30 j'amenais à Singonobo (lisière nord de la forêt vierge) la 14e compagnie, trois sections de la 15e, les batteries et l'escadron de spahis. Immédiatement un camp et un magasin étaient installés.

» Du côté d'Ouosso, je n'avais su que vaguement, par des gens de Brimbo qui avaient eu deux porteurs tués, que des coups de fusil avaient été échangés.

» Le 30 arrive à Singonobo M. le lieutenant Grandmontagne, avec une section portant un courrier qui me met au courant des événements que j'ignore.

» Ouosso est la résidence d'Akafou, chef des N'Gouans, population qui s'étend du N'Zi, à l'est, au Bandama, à l'ouest, et habite
sur la route les forts villages de Pokobo, Pokosiabo, Ouosso et
Moronou. Jusqu'aux derniers temps, Akafou avait sans cesse
manifesté d'excellentes dispositions à notre égard, et les rapports
de MM. le capitaine Marchand, le lieutenant Baratier, Monteil,
administrateur de Toumodi, ne contenaient que des éloges sur
son compte. A l'occasion des pillages antérieurs, ces messieurs
étaient unanimes à dire qu'Akafou avait été impuissant à les
empêcher, mais qu'il suffirait d'un secours moral qu'il demandait lui-même pour éviter le retour de ces faits, et que son groupe
serait le premier à fournir des porteurs en grand nombre.

» Je ne puis croire que les officiers et le fonctionnaire que je
viens de citer, qui m'ont donné de nombreuses preuves de leur
perspicacité, aient été surpris dans leur bonne foi ; ce que je crois
être la vérité, c'est qu'Akafou a été entraîné malgré lui dans la
rébellion par les auteurs des vols qui pouvaient redouter un châtiment mérité. Et cependant aucune menace n'avait été faite ;
mieux même, pour liquider les affaires antérieures, j'avais, le
22 décembre, envoyé prévenir les chefs que je désirais tous les
voir dans un grand palabre à Ouosso, pour faire cesser les malentendus et régler au mieux la question du portage.

» Malgré toutes les mesures de sécurité d'une part, de concilia-
tion de l'autre, l'insurrection nous surprit brusquement le 26,
alors que le commandant Caudrelier allait arriver à Ouosso.

» En réalité, les hostilités commencèrent le 25 à Moronou, par
le pillage partiel d'un convoi conduit par l'homme de confiance
d'Akafou. Ce pillage fut, je crois, la cause déterminante du
mouvement ; incapable d'enrayer les mauvais instincts de ses
administrés, Akafou se jeta avec eux dans la rébellion. Le même
jour (25 décembre), le détachement du génie aménageant la
route à Pokosiabo recevait quelques coups de fusil, mais sans
riposter rentrait à Ouosso. Quelques heures après, la queue du
convoi conduit par le sergent Ventzel devait abandonner deux
coffres de voiture au même village, par suite de l'hostilité des
habitants, qui avaient mis les porteurs en fuite. Revenu d'Ouosso
pour les chercher, le sous-officier avait été reçu à coups de fusil
et obligé de rentrer à Ouosso.

» Pendant ce temps, l'adjudant Collinet envoyait 8 tirailleurs
haoussas et 1 caporal à Moronou garder des charges en souf-
france.

» On ne se préoccupait pas trop, à Ouosso, de ces actes, qu'on
croyait isolés ; on savait d'ailleurs le commandant Caudrelier en
route, précédant la colonne.

» Aussi, le 27 au matin, le capitaine Devrez partait avec ses sapeurs et quelques tirailleurs pour aménager la route dans la direction de Toumodi. Il était à quatre kilomètres d'Ouosso lorsqu'il entend des feux de salve dans cette direction ; il se porte en arrière et trouve, en arrivant, l'adjudant Collinet qui s'est rapidement retranché derrière les caisses du magasin, tenant tête, avec ses 25 hommes, à une forte bande, qui l'attaque sur trois faces. Une demi-heure après, c'est le commandant Caudrelier, avec la 10ᵉ compagnie (lieutenant Grandmontagne). qui arrive également au secours de la petite troupe et rapidement dégage les abords et la délivre.

» Le commandant Caudrelier a laissé une section à la garde des caissons de voitures à Pokosiabo ; celle-ci rentre à 1 heure ; le sergent Dufour qui la commande est blessé, ainsi que quatre de ses tirailleurs.

» Le convoi de munitions suivait la 10ᵉ compagnie. Pendant que celle-ci se porte sur Ouosso, le convoi est attaqué; les porteurs se dispersent, abandonnant ou emportant leurs charges. Le sergent Duverdier se porte vers Ouosso pour prévenir et rencontrer le commandant Caudrelier, qui, après avoir dégagé la garnison, vient à son secours.

» Le lieutenant Vaudescal retourne en arrière, mais ne peut recueillir qu'un tiers des caisses; les autres ont été emportées par les porteurs qui ont pris la fuite.

» Cette journée nous coûte :

» 1 tirailleur tué ;

» 2 sous-officiers européens blessés (adjudant Collinet et sergent Dufour);

» 14 tirailleurs blessés ;

» 2 chevaux tués.

» Ce même jour, au soir, arrivait à Ouosso le lieutenant Doudoux, venant de Toumodi, pour se mettre en relations avec le commandant Caudrelier et lui rendre compte de ce qu'il avait exécuté. En passant à Moronou, il trouva le petit poste de 8 hommes envoyé par l'adjudant Collinet qui semblait en parfaite sécurité, ayant d'excellentes relations avec les habitants.

» Rien ne faisait prévoir ce qui devait advenir après son passage. Ce petit poste fut enlevé le soir même. Sans défiance, les hommes causaient dans la soirée avec les habitants, lorsque, brusquement, ceux-ci, en grand nombre, se précipitent sur eux; trois sont tués, les autres se dispersent; deux et le caporal se cachent pour tenter de gagner Ouosso ; les deux autres, coupés des premiers, ne purent rejoindre que plusieurs jours après Toumodi.

» Le lendemain 27, le lieutenant Doudoux, rentrant à Toumodi, est attaqué en avant de Moronou; il se porte sur le village, y trouve les cadavres mutilés de deux de ses hommes (un troisième fut retrouvé quelques jours après); il fait alors retour sur Ouosso pour rendre compte au commandant Caudrelier, et au retour peut recueillir trois de ses hommes, qui lui donnent les détails de la surprise.

» A partir de ce jour, les attaques furent continues autour d'Ouosso et contre les escortes ou les reconnaissances.

» Rapidement, le commandant Caudrelier fit mettre Ouosso en état de défense, en l'entourant d'une forte palissade et en débroussaillant les abords.

» Pour vous permettre de comprendre, Monsieur le Ministre, les difficultés de la lutte contre les N'Gouans, en même temps que les pertes élevées subies par la colonne, il est nécessaire d'entrer dans quelques détails sur l'aspect général de la contrée et sur la manière de combattre des habitants.

» La forêt vierge cesse sur la route, très exactement à quelques centaines de mètres au sud du village de Singonobo. A partir de ce point, en allant vers Ouosso, s'étendent de grandes plaines incultes couvertes d'innombrables rôniers, dont les habitants tirent le vin de palme. De distance en distance, les plaines sont coupées par quelques bois taillis assez pénétrables, et par de nombreux bois, vestiges de la grande forêt, impénétrables comme elle, en dehors de quelques rares sentiers. Ces derniers bois sont souvent de grande étendue (plusieurs kilomètres), et tantôt bordent la route à faible distance, tantôt lui sont perpendiculaires, mais dans ce cas n'ont pas une profondeur supérieure à 5 ou 600 mètres.

» Tous les villages, sans exception, sont situés au milieu des bois ; pour ceux que traverse la route, une lisière boisée les borde à chaque issue, mais à droite et à gauche du chemin les habitations s'étendent en longueur, et le bois touche les cases le long de la face opposée à la route. Chacun d'eux est, en réalité, un véritable coupe-gorge.

» Les habitants, d'humeur farouche et sauvage, sont complètement nus, à l'exception d'un simple bouganti, le même pour les deux sexes.

» Le pays ne produit que peu de bétail, à part quelques rares bœufs (1) et chèvres ; on n'en mange que dans des circonstances solennelles, si bien que les habitants doivent chasser hippopo-

---

(1) Le commandant supérieur dut demander à Konakry des bœufs pour l'approvisionnement en viande fraîche des troupes.

tames, biches et singes pour assurer leur subsistance ordinaire. Nos pertes témoignent assez que l'habitude de la chasse leur a donné une habileté de tireurs incontestable. Ils se ravitaillent en armes et en poudre auprès de nos factoreries de la côte, par échange contre de la poudre d'or, qui abonde dans toute la région.

» Comme tous les habitants de la forêt, les indigènes du Baoulé sont peu sociables ; de plus, des races différentes se rencontrent sur des territoires relativement de faible étendue. Ainsi, entre Thiassalé et Toumodi, on trouve les Mandés de Thiassalé, qui vont jusqu'à Singonobo ; les N'Gouans autour d'Ouosso ; les Atoutous, les Fafoués auprès de Kokoumbo; les Sâ, etc. Ces diverses races sont souvent en guerre les unes avec les autres, mais toutes sont dominées et pillées par les N'Gouans, établis au centre du triangle formé par les N'Zi et le Bandama.

» La langue agni sert pour les relations ; mais notre contact avec ces populations ne remonte qu'à quelques mois à peine, si bien que les renseignements un peu précis, et surtout les agents de renseignements font défaut. Ce service est à créer ; en attendant, nous sommes dans la situation de ne pas connaître ces populations plus qu'elles ne nous connaissent elles-mêmes. C'est là une source de malentendus et de conflits presque impossibles à éviter.

» Adresse des partisans, facilité des embuscades, difficulté de les éventer, manque d'agents de renseignements, désertion des villages, telles sont les conditions défavorables dans lesquelles nous nous sommes trouvés dès le début de la lutte.

» A partir du 30 décembre, date de mon arrivée à Singonobo, les opérations de répression furent activement conduites, et, malgré des attaques journalières sur la route, les convois pour ravitailler Ouosso, dont la garnison avait été très renforcée, furent mis en mouvement. Le 1er janvier, je me rendis à Ouosso pour renforcer la garnison, surmenée, par un peloton de la 15e compagnie et une section de la batterie de 42 millimètres. En route, nous eûmes un sergent indigène tué, et le sergent européen Philippon mourut avant d'arriver à Ouosso, d'un coup de chaleur dû en partie à l'ardeur qu'il avait apportée dans la lutte, car nous fûmes attaqués quatre fois.

» Ouosso ravitaillé, j'entrepris une action combinée entre la garnison de ce poste et les troupes de Singonobo pour détruire un centre important qu'on m'avait signalé à Diandiakrou. L'opération (6 janvier) eut pour résultat la destruction de quatre villages, dont celui de Kékrébo ; elle nous permit de reconnaître les routes pour atteindre Trétrékrou, où, d'après le dire des prisonniers faits dans cette opération, s'était réfugié Akafou. L'efficacité de l'opération se manifesta dès le lendemain, car, pour la première fois, la reconnaissance faisant retour d'Ouosso sur Singonobo ne fut pas attaquée.

» Outre Trétrékrou, j'appris qu'un village plus important encore se trouvait dans la forêt au nord-est de ce dernier : c'était Akouabo. Je renforçai la garnison d'Ouosso avec les 14e et 15e compagnies, et donnai au commandant Caudrelier le commandement d'une reconnaissance, qu'il effectua les 14 et 15 janvier. Elle eut un succès complet ; les villages d'Akafounémou, Trétrékrou et Akouabo furent détruits ; c'étaient les principaux refuges des rebelles dans la forêt. Akafou fut sur le point d'être pris à Trétrékrou. Malheureusement, ces deux journées nous coûtèrent des pertes sensibles, parce que, pour la première fois, les indigènes, acculés, tentèrent de résister.

» Le sergent européen Samedi, de la 15e compagnie, fut tué, ainsi que trois tirailleurs.

» M. le lieutenant Haye, de la 15e compagnie, fut à nouveau blessé, ainsi que le brigadier Barbaud, de l'artillerie, 2 sergents et 7 caporaux et tirailleurs indigènes.

» Nos pertes totales, depuis le 25 décembre, sont :

» Tués : 1 sergent européen, 1 sergent indigène, 11 tirailleurs.

» Blessés : M. le lieutenant Haye (deux fois dans deux affaires), l'adjudant Collinet, les sergents Lebeau et Dufond, le brigadier d'artillerie Barbaud ; 47 tirailleurs indigènes, 1 spahi, 1 conducteur.

» Enfin, 3 chevaux ont été tués.

» Grâce à ces diverses opérations, pour meurtrières qu'elles aient été, la route est désormais libre et la rébellion étouffée, au moins en tant que mouvement susceptible de s'étendre.

» Il faut considérer comme très heureux que le mouvement insurrectionnel ait éclaté alors que la colonne commençait sa marche en avant, car, si aussi bien ces faits se fussent produits en arrière d'elle, nous eussions eu certainement deux désastres à enregistrer à Ahuakrou et à Ouosso. Au contraire, tous les éléments de la colonne se trouvèrent à portée de se soutenir mutuellement, et l'on put faire face de tous côtés à la fois.

» Je comprends, Monsieur le Ministre, que la colonne de Kong, expéditionnant dans les territoires où le gouvernement de la Côte d'Ivoire avait des agents ou administrateurs établis, semble une anomalie. Mais ces administrateurs, MM. Nebout, Monteil et Louédy, s'ils sont d'excellents agents — je rends justice à leur mérite — n'avaient pu, étant donné qu'ils étaient

installés de fraîche date, prendre le contact avec le pays et y
asseoir leur autorité. Ils furent tout aussi surpris que nous par ce
mouvement spontané d'hostilités, qu'ils avaient été hors d'état
de prévoir.

» Quant aux missions, je n'ai pas cru pouvoir les aventurer
dans de semblables conditions : elles eussent été certainement
arrêtées, car il s'en fallait de peu — et je ne suis pas encore tranquillisé à cet égard — que l'insurrection ne gagnât la région
entre Toumodi et Kodiokofi. La répression rapide contre les
N'Gouans a seule empêché les gens de Lomo (1) et Toumodi de
prendre part au mouvement. En effet, le 28 décembre, M. Monteil, administrateur de Toumodi, a vu sa résidence (distante d'une
centaine de mètres du poste militaire) envahie par une bande de
500 hommes armés, à la tête de laquelle se trouvaient les chefs
de Lomo et Toumodi. Ils l'ont sommé d'avoir à partir, l'ont
injurié, puis se sont livrés à une série d'actes insultants. Sans le
sang-froid de cet administrateur, qui réussit à calmer les chefs
en leur conseillant d'attendre les événements, en leur disant que
rien ne les pressait de s'allier contre les blancs, qui ne leur
avaient fait aucun mal, avec leurs ennemis de race, si même M.
Monteil eût cédé à la pensée de faire prévenir M. le lieutenant
Doudoux pour venir à son secours, il était très certainement mas-
sacré, et la révolte, d'un trait, s'étendait jusqu'à Kodiokofi.

» A son conseil, les chefs se sont ressaisis, et quelques jours
après, lorsque les nouvelles leur parvinrent du châtiment infligé
aux N'Gouans, ils firent adhésion formelle à notre alliance. Je
suis heureux, Monsieur le Ministre, de vous signaler la conduite
politique digne d'éloges et le sang-froid de M. Monteil ; il est
commis de 1re classe des affaires indigènes : j'ai l'honneur de
vous demander sa nomination d'administrateur, renouvelant ainsi
des propositions faites antérieurement en sa faveur par M. le
capitaine Marchand et M. le gouverneur Binger.

. . . .

» *Le lieutenant-colonel commandant supérieur*
de la colonne de Kong,

» Signé : MONTEIL. »

A la suite des opérations dans le Baoulé, le commandant supérieur citait à l'ordre du jour de la colonne, pour la part active
et brillante qu'ils avaient prise à la répression de l'insurrection :

---

(1) Lomo et Toumodi ont été les foyers de la révolte en 1898, 1899 et
1901. C'est à Lomo qu'elle éclata.

MM. le commandant *Caudrelier*, les lieutenants *Baratier*, *Grandmontagne*, *Vaudescal* et *Haye*, l'adjudant *Collinet*.

Par câblogramme, il demandait au ministre la mise au tableau d'avancement pour le grade de lieutenant-colonel de M. le commandant Caudrelier, la nomination immédiate au grade de capitaine de MM. les lieutenants Baratier et Grandmontagne, et la croix de la Légion d'honneur pour les lieutenants Vaudescal, Haye et pour l'adjudant Collinet.

Ces propositions eurent toutes, plus tard, une suite favorable, lorsque, le commandant supérieur étant rentré en France, les opérations de la colonne de Kong furent jugées avec plus d'impartialité et de justice.

Il en est de même d'ailleurs de toutes les propositions que le commandant supérieur fit en fin de campagne. Toutes, sans exception, reçurent l'approbation du gouvernement, et le commandant supérieur, légitimement fier d'avoir pu faire récompenser des services et des dévouements aussi qualifiés, conserve le sentiment de n'avoir fait que son devoir en signalant à l'attention du ministre la brillante conduite de ses subordonnés.

Malheureusement, le remarquable officier qu'était le lieutenant Grandmontagne ne put recevoir la récompense due à sa bravoure et à ses talents militaires. Terrassé par une fièvre bilieuse hématurique au moment où la colonne allait commencer les opérations contre Samory, il ne put conserver le commandement de la 10ᵉ compagnie. Bien soigné d'abord à Ouosso, il put être transporté jusqu'à Thiassalé, en route pour l'ambulance de Grand-Lahou. A Thiassalé, il succomba dans la fleur de l'âge, laissant d'unanimes regrets dans le cœur de ses camarades et de ses chefs.

Pas davantage le lieutenant Vaudescal ne put participer aux opérations contre Samory. Atteint, comme son camarade, de fièvre bilieuse hématurique, conséquence du surmenage physique, il put être évacué en temps utile et rentrer en France, où l'attendait la croix qu'il avait si noblement gagnée.

Ces deux officiers faisaient partie de la 10ᵉ compagnie. Cette compagnie fut de beaucoup la plus éprouvée de celles qui prirent part à la colonne de Kong.

Elle prit une part active aux trois phases de la campagne : opérations contre Bounoua (les deux affaires), opérations dans le Baoulé (c'est elle qui supporta, autour d'Ouosso, le choc initial du mouvement de rébellion), enfin opérations contre Samory.

Son chef, le capitaine Lallement, mourait à Thiassalé le 17 décembre 1894 ; ses deux lieutenants, Grandmontagne et Vaudescal, disparaissaient à leur tour, tous deux frappés de la même maladie que leur chef.

Au moment du départ pour la campagne contre Samory, le commandant supérieur reconstitua les cadres de cette compagnie avec le capitaine de Léséleuc, récemment promu (venant de la 9ᵉ compagnie), et le lieutenant Testard.

Le capitaine de Léséleuc fut très grièvement blessé au retour, chez les Zipouris, et, le lendemain, le lieutenant Testard l'était à son tour.

A la rentrée à Kodiokofi, le 29 mars, l'effectif de cette compagnie était réduit à 42 hommes. Au total, d'après le rapport du docteur Le Ray, la 10ᵉ compagnie avait à son actif plus de 200 blessures de guerre. (Voir appendice annexe VII.)

ANNEXE VI

La Guerre dans le Baoulé.

Ce n'est pas sans une certaine surprise que, non pas le grand public, mais nous dirons le public spécial, qui suit avec sollicitude le développement de notre empire colonial, a appris, il y a quelques jours à peine, les graves événements qui, au cours des années 1899, 1900 et 1901 ont eu la région du Baoulé pour theatre.

Il faut lire, dans l'*Almanach du marsouin* de 1902, le récit de ces expéditions successives qui nécessitèrent l'envoi, du Soudan et du Sénégal, de troupes nombreuses pour réduire les populations turbulentes de la vallée du Bandama.

Ce que nous voulons retenir de cette lecture, ce n'est point de marquer notre étonnement pour le secret que le ministère des Colonies a gardé sur les troubles prolongés que nous signalons; il n'est pas davantage dans notre dessein de rechercher les causes de ces expéditions ; nous voulons seulement relever les enseignements militaires qui découlent des faits.

La colonne de Kong, surprise dans sa marche vers le Nord, par l'insurrection générale qui éclata, nous l'avons vu, le 26 decembre 1894, dut s'arrêter pour faire face à la situation. Ce fut une dure guerre que cette guerre de brousse; les agents de renseignements, les interprètes mêmes faisaient défaut ; il fallut pratiquer des méthodes de guerre nouvelles. Mais du moins, après deux mois de lutte, marqués en particulier par les opérations capitales des 26, 27 et 28 décembre 1894, des 6, 15 et 16 janvier 1895, une paix durable fut imposée aux N'Gouans, et cette répression rapide empêcha le mouvement de rébellion de gagner le Nord.

En France, et même à la Côte d'Ivoire, on méconnut la gravité de cette situation, et l'on incrimina volontiers la lenteur avec laquelle la colonne de Kong marchait vers son objectif désigné.

Les événements de ces dernières années, auxquels nous faisons allusion, démontrent que la colonne de Kong a été aux prises avec des difficultés de l'ordre le plus élevé, puisque, pour obtenir ce même résultat, la pacification du Baoulé, une série d'expéditions furent nécessaires, et elles durèrent trois années. L'auteur de l'*Almanach du marsouin* prend acte de ces opérations récentes pour faire ressortir combien ingrate et laborieuse fut la tâche de la colonne de Kong.

Mais, de sa narration, se dégage un fait moral d'importance militaire considérable, c'est la constatation de fait que les troupes les plus braves, les plus aguerries, les mieux encadrées et commandées, peuvent se trouver désemparées en présence de méthodes de guerre auxquelles elles ne sont pas accoutumées.

Ce même phénomène moral se révéla au cours de la colonne de Kong, et ce fut un des grands soucis du commandant supérieur que d'y porter remède.

Nous extrayons de l'*Almanach du marsouin* la fin d'une lettre d'un officier relatant la prise de Kokoumbo (1), centre des mines d'or du Baoulé.

« Après avoir construit un poste intermédiaire entre Toumodi et Kokoumbo, la colonne partait pour Kokoumbo en formant deux groupes, le premier commandé par M. Gridel, le deuxième sous les ordres du commandant. La 18e était en avant-garde à trois kilomètres de notre colonne. A notre approche les Baoulès brûlent les villages suivant leur coutume. Au premier village rencontré nous attendons que le plus fort de l'incendie soit passé, puis nous nous précipitons dans l'intérieur et dégageons les abords du fourré par quelques feux de salve.

» Dans la soirée, les Baoulès reviennent et, à 20 mètres, nous envoient des coups de feu dans le fourré. Un tirailleur, Molo Coulibaly, commet l'imprudence d'aller seul à l'eau. Il essuie deux coups de feu, tombe et serait resté, sans notre secours, entre les mains des Baoulès.

» Le lendemain, nos avant-postes simulent une retraite et la colonne se concentre. J'ai la chance d'avoir le commandement de l'extrême pointe. Nous laissons de côté la route directe occupée ce jour-là par plus de 1.500 à 2.000 Baoulès embusqués dans les trous et protégés par des abatis sur une longueur de plusieurs kilomètres. Cette défense était préparée depuis deux mois.

» A 7 heures, nous commençons à entrer dans la forêt. Un quart d'heure après nous tombons sur un Baoulé qui venait tranquillement sur la route ; terrifié, il s'arrête sans avoir la force de crier. On s'empare de lui et je me garde bien de faire tirer ; dix minutes après, même séance, mais le nouveau-venu a le temps de crier et de prévenir un groupe placé en avant-postes. Nous essuyons une décharge ; deux feux de salve répondent et j'enlève ma section à l'assaut. Mais voilà le plus terrible ; les

---

(1) Au cours de la campagne de Kong, sur l'ordre du commandant supérieur, Kokoumbo avait été visité par le capitaine Marchand, chargé d'aller calmer les craintes des Fafouès et les empêcher de prendre part à la révolte. Accompagné de quelques hommes sous le commandement du lieutenant Doudoux, le capitaine Marchand fut bien reçu et réussit dans sa mission.

coups de feu ont donné l'éveil aux autres qui, tous, se précipitent vers nous; de tous côtés partent des coups de feu, du groupe qui obstrue le chemin devant nous et de la forêt épaisse qui s'emplit de fumée. Le caporal Sory est percé de part en part, Bala Doumbia reçoit trois blessures, et les deux autres qui marchaient avec moi ont leur fusil brisé par les balles. A ce moment, la 1re section fait un mouvement rétrograde et m'abandonne. Je suis néanmoins assez heureux pour pouvoir la ramener en avant assez vite pour que les Baoulès n'aient pu s'emparer de Sory; mais, trois fois encore, devant la fusillade ininterrompue, le recul se reproduit. Impossible de calmer les tirailleurs; l'avant-garde et toute la colonne tiraillaient. On a mis près d'une demi-heure pour parcourir deux cents mètres ; inutile de vous dire si le combat a été dur, surtout à l'avant-garde, où j'étais.

» Enfin, marchant sur les morts, nous arrivons au bout du sentier devant Kokoumbo en flammes. J'y suis entré le premier et les tirailleurs m'ont laissé seul pendant quelques secondes. Le spectacle était impressionnant. Tout avait été enlevé du village.

» Cette attaque a été d'autant plus dure que tous les tirailleurs avaient la certitude que nous ne pourrions entrer dans Kokoumbo. Les Dioulas l'avaient rabâché partout. Aussi jusqu'à Kong cela a été après l'affaire un étonnement général. *Je vous avouerai que, braves comme vous connaissez les tirailleurs, à un moment donné, ils faisaient tous demi-tour.* Heureusement que le sentier était étroit et que le commandant avait fait disposer une section pour barrer la route. *En vérité, les tirailleurs n'ont pas cessé d'avoir peur des Baoulès.* »

En citant ce passage de la relation de cet officier, nous avons voulu, d'une part, montrer la ténacité, l'énergie de résistance des tribus sauvages et forestières du Baoulé, et, d'autre part, mettre en lumière les difficultés inhérentes à la guerre en forêt. Au cours de la colonne de Kong, les tirailleurs sénégalais, pour employer l'expression consacrée, ne *collaient point;* habitués à combattre un ennemi découvert, ils faisaient avec lui assaut de bravoure; mais se sentir fusillés à bout portant par un adversaire embusqué et insaisissable, les déconcertait, et le commandant supérieur, pour relever leur moral, dut édicter des instructions spéciales pour cette guerre de ruses et d'embuscades.

Ce sont ces instructions dont nous donnons ci-après la teneur; elles feront voir qu'en 1894 et 1895 la colonne de Kong eut à vaincre, au cours de deux mois d'actives opérations, les mêmes adversaires redoutables qui tinrent pendant trois années en échec

nos meilleures troupes coloniales. La situation prit un instant
assez de gravité pour qu'en avril 1901 le général Combes, commandant supérieur des troupes de l'Afrique occidentale, fût
obligé d'aller prendre lui-même la direction des opérations dans
le Baoulé.

Instructions pour la guerre du Baoulé.

« Aujourd'hui que, par les nombreuses reconnaissances auxquelles tous les éléments de la colonne, tant à Ouosso qu'à Singonobo, ont pris part, il est possible de se rendre compte de la
manière de combattre des rebelles, le lieutenant-colonel commandant supérieur croit devoir fixer quelques lignes générales
qui devront servir de règle à la conduite des reconnaissances et
des escortes.

» L'ennemi semble disposer d'un nombre assez restreint de
fusils ; mais ceux-ci sont entre les mains d'hommes audacieux
connaissant admirablement le pays et l'utilisation des couverts.
Les partisans, toujours en petit nombre, se portent dans les bois
de grande étendue, jamais dans les bouquets isolés ; ils attendent à la bordure le passage des reconnaissances et des escortes
et, de préférence, tirent sur l'avant-garde s'il n'y a pas de convoi, sur l'arrière-garde s'il y a un convoi. Comme ces partisans
sont armés de fusils à pierre et qu'ils tirent toujours couchés au
milieu des broussailles, recharger leur arme leur est impossible. Il faut que les reconnaissances se pénètrent bien de ces conditions très défavorables pour l'ennemi, qui se trouve désarmé
dès l'instant qu'il a tiré. Avec quelques hommes audacieux, en-
levés par un gradé européen ou indigène à l'avant-garde et à
l'arrière-garde, presque chaque embuscade de l'ennemi devrait
nous permettre de faire des prisonniers ou de recueillir des armes abandonnées. Pour cela, il faut que quelques hommes dési-
gnés à l'avance et choisis se précipitent, baïonnette au canon, sur
les points où les coups de feu ont assailli la reconnaissance et
poursuivent sous bois l'ennemi.

» Cette méthode d'opérer est d'exécution favorable ; car, dans
la presque totalité des cas, la bordure seule du bois offre quelque
difficulté de pénétration.

» Au bout de quelques jours, l'ennemi se lasserait, et bien plus
vite encore s'il subissait quelques pertes. Cette tactique, si elle
avait quelque réussite, remonterait *également le moral de nos
tirailleurs, qui, un peu désemparés en ce moment dans leurs ha-
bitudes de guerre, sont hésitants.*

» Le lieutenant-colonel commandant supérieur recommande de manière expresse l'application de ces prescriptions qui doivent seules amener des résultats.

» Egalement le service des flanqueurs par groupes de deux ou quatre fouillant à distance, s'embusquant en cas de coups de feu tirés entre eux et la colonne, de manière à recevoir l'ennemi à la sortie du couvert, doit fonctionner constamment.

» Lorsque, sur une route que la reconnaissance doit reprendre pour faire retour quelques heures après, l'ennemi a assailli celle-ci, il est recommandé de placer une embuscade de quelques hommes non loin de celle qu'occupait l'ennemi, de manière à pouvoir le surprendre lui-même s'il voulait revenir au même poste pour tirer sur nos troupes.

» En un mot, il faut arriver à ruser avec un ennemi qui ne se présente pas hors du couvert; c'est seulement en lui infligeant des pertes répétées, en éventant ses embuscades, qu'on pourra l'éloigner de la route des convois, qu'on rendra *confiance aux tirailleurs en leur donnant le contact avec l'ennemi.*

» Il est recommandé de brûler herbes et brousse toutes les fois que l'état de sécheresse le permet.

» Au bivouac de Singonobo, le 8 janvier 1895.

» *Le lieutenant-colonel commandant supérieur de la colonne de Kong,*

» Signé : MONTEIL. »

ANNEXE VII

Rapport médical sur la colonne expéditionnaire de Kong (1).

I. Historique. — Le capitaine Marchand venait ᵤe terminer sa mission dans l'hinterland de la Côte d'Ivoire ; il avait vu les bandes de Samory prêtes à envahir le Djimini et le Djamala.

Rejeté vers le Sud, l'almamy trouvait de ce côté une proie facile ; deux vastes contrées à dévaster, une population dense, les Dioulas, race intelligente, mais peu guerrière, incapable d'opposer la moindre résistance. L'occasion était trop belle, Samory ne devait point la laisser échapper, et les Dioulas, comprenant l'imminence du péril, réclamaient notre protection. Sur les instances du capitaine Marchand, le gouvernement français intervint ; la colonne expéditionnaire de Kong fut décidée.

M. le lieutenant-colonel Monteil, dont la présence dans l'Oubanghi n'était plus nécessaire, par suite de l'accord du 14 août 1894 entre la France et l'Etat Indépendant du Congo, fut chargé de diriger cette expédition. Il en reçut l'avis le 22 août à Loango.

Le 12 septembre, il débarquait à Grand-Bassam, avec les 9ᵉ et 10ᵉ compagnies de tirailleurs sénégalais, une batterie d'artillerie de 42 millimètres, et commençait aussitôt l'étude de son plan de campagne.

Les difficultés ne manquaient pas : Kong se trouve à environ 600 kilomètres de la côte, et, pour y arriver, il fallait traverser la bande de forêts qui longe toute cette partie du littoral africain.

Deux voies de pénétration pouvaient être utilisées : le fleuve Comoé, qui se déverse à Grand-Bassam, et le fleuve Bandama, qui débouche à Grand-Lahou. La préférence fut donnée à ce dernier, navigable sur un plus long parcours, et permettant un accès beaucoup plus rapide dans les pays de plaines. La largeur de la forêt, de 300 kilomètres au nord de Grand-Bassam, n'est plus en effet que de 150 kilomètres au nord de Grand-Lahou.

La base d'opérations fut, pour cette raison, transportée à l'embouchure du Bandama.

Il n'existait, à cette époque, à Grand-Lahou, que trois ou

---

(1) En publiant in extenso le rapport médical de M. le docteur Le Ray, j'obéis à ce sentiment que mes camarades pourront y trouver d'utiles renseignements pour l'organisation du service de santé en campagne aux colonies.   Lieutenant-colonel Monteil.

quatre factoreries, la douane et la maison de l'administrateur. Tout était à créer.

On fit aussitôt construire une vingtaine de grandes cases, destinées à abriter les troupes et à servir de magasins de vivres, et M. le lieutenant-colonel, commandant supérieur, laissant provisoirement le commandement des troupes de Grand-Bassam à M. le commandant Pineau, chef d'état-major, vint lui-même à Grand-Lahou, le 28 octobre, surveiller les opérations de débarquement et d'aménagement.

Déjà M. le commandant Caudrelier avait été chargé de suivre, avec la 9ᵉ compagnie, et d'élargir la route de Dabou à Thiassalé, sentier à peine tracé, suivi par les indigènes, en particulier par les Apolloniens, marchands ambulants qui font entre la côte et l'intérieur le trafic de la poudre, du sel, de l'or, des perles et des étoffes.

Dabou est un poste très ancien, situé au nord de la lagune de Grand-Bassam, à douze heures de route en chaloupe à vapeur. Bien qu'il y eût 110 kilomètres de parcours en forêt, de Dabou à Thiassalé, ce sentier servit souvent, dans la suite, au passage des troupes après avoir été débroussaillé.

La lagune de Grand-Bassam étant séparée de celle de Grand-Lahou par une bande de terre de 25 kilomètres, les communications s'effectuent entre ces deux points par mer, ce qui exige un double passage de barre, et l'on sait combien sont dangereuses, sur la côte occidentale d'Afrique, les opérations d'embarquement et de débarquement. Les baleinières sont journellement culbutées par les lames, et les accidents mortels sont fréquents.

C'est donc par cette voie que M. le commandant Pineau reçut à son tour l'ordre de se transporter à Thiassalé avec les troupes de Grand-Bassam, qui avaient été renforcées par la 13ᵉ compagnie de tirailleurs sénégalais débarquée du *Pélion* le 16 octobre.

Au moment où ce mouvement était déjà en partie exécuté, survinrent les troubles de l'Akapless, qui nécessitèrent une action énergique du côté de Bounoua, à l'est de Grand-Bassam.

M. le commandant Pineau vint assiéger cette position avec un effectif d'environ deux compagnies ; un sanglant combat fut livré le 9 novembre ; nous eûmes, de notre côté, cinq tués, dont un sergent européen et 69 blessés ; tous les officiers avaient été plus ou moins sérieusement atteints; deux d'entre eux étaient grièvement blessés. Le fortin, protégé par trois séries d'énormes palanques, ne put être enlevé ; les indigènes, à l'abri des balles, tiraient avec une grande précision par des créneaux percés de distance en distance. Sans artillerie, ayant le tiers de son effectif hors de combat, M. le commandant Pineau dut se replier sur un petit mamelon, à 1.200 mètres du village. De là, il put continuer à harceler l'ennemi et engager des pourparlers, afin d'amener Amangoua et les principaux chefs à se rendre.

Dès que ces nouvelles parvinrent à Grand-Lahou, le commandant supérieur fit revenir son artillerie, déjà expédiée sur Thiassalé, et se rendit lui-même à Bounoua avec la 14ᵉ compagnie de tirailleurs sénégalais, une section de la 4ᵉ compagnie de tirailleurs haoussas et le détachement du 7ᵉ régiment du génie, qui venaient de débarquer à Grand-Lahou.

Le 16 novembre, le village de Bounoua fut pris et détruit ; quelques jours après Amangoua et plusieurs autres chefs, qui avaient d'abord pris la fuite, venaient à Grand-Bassam faire leur soumission.

La colonne reprit aussitôt la route du Baoulé en passant par la lagune de Grand-Bassam, Dabou et Thiassalé, où devait avoir lieu la concentration.

Les effectifs comprenaient alors : 5 compagnies de tirailleurs sénégalais; une compagnie de tirailleurs haoussas, deux batteries d'artillerie, une de 80 millimètres, une de 42 millimètres, un détachement de conducteurs sénégalais, un détachement de spahis sénégalais, un détachement du 7ᵉ régiment du génie; 90 chevaux et 200 mulets.

Le lieutenant de vaisseau Bretonnet arriva le 13 décembre avec une partie du matériel naval ; une deuxième compagnie de haoussas nous fut envoyée au mois de novembre.

Douze cents hommes et trois cents animaux allaient avoir à traverser un espace de 500 kilomètres, avant d'arriver chez les populations amies qui nous appelaient à leur aide.

Le ravitaillement de cette troupe devait offrir les plus grandes difficultés, dans un pays dénué de ressources, peuplé de races guerrières n'ayant aucune aptitude pour le travail, et absolument ignorées avant les voyages, encore tout récents, de M. le gouverneur Binger et de M. le capitaine Marchand.

A Grand-Lahou, les maisons de commerce fondées depuis un grand nombre d'années se prêtèrent de très bonne grâce à toutes les réquisitions de baleinières et de chalands; elles avaient, dès longtemps, dressé les indigènes aux opérations de déchargement des navires, au transport des colis par voie fluviale, et les travailleurs, stimulés par l'appât du gain, se présentaient assez ponctuellement.

A quelques kilomètres de Grand-Lahou, il n'en était déjà plus de même ; les habitants d'un village se sauvaient dans la brousse dès qu'on leur demandait un service.

Bien que les eaux fussent déjà très basses, la voie du Bandama put être utilisée jusqu'à Thiassalé. Les chaloupes à vapeur remorquaient jusqu'à Ahouem, ou même jusqu'à Ahuakré, des chalands portant de vingt à trente tonnes; plus loin, on utilisait de grandes baleinières; enfin, entre Bourou-Bourou et Thiassalé, les pirogues seules pouvaient franchir la zone des rapides.

À une trentaine de kilomètres de Thiassalé, la route de Kong, indiquée par le capitaine Marchand, quitte la forêt et s'avance vers le Nord au milieu des plaines de rôniers qui séparent le Bandama de son affluent, le N'Zi.

La voie fluviale n'existant plus, les mulets, décimés dès le début par l'insolation et le paludisme, n'étant plus en nombre suffisant, surtout à cause de la grande quantité d'orge qu'ils étaient obligés de transporter pour leur propre nourriture, on dut demander des porteurs aux pays traversés. Les indigènes ne purent consentir à un pareil effort; ils pillèrent les convois, et, obéissant à la voix de quelques chefs qui prêchaient la guerre contre le blanc, ils essayèrent de nous barrer la route. Alors commença autour de Ouosso, dans le pays des N'Gouans, une guerre de brousse, guerre d'embuscades qui dura plus d'un mois. Les indigènes, tapis dans les hautes herbes, ou dissimulés derrière les termitières, derrière les grands fromagers, dans les bouquets d'arbres qui bordent les marigots, attaquaient tous les convois : on recevait à l'improviste une décharge à bout portant, et, l'ennemi, toujours invisible, se reportait un peu plus loin sur le trajet bien connu du convoi.

Les pertes de notre côté furent très sérieuses : 1 européen et 13 indigènes tués, 1 officier, 4 européens et 62 indigènes blessés. Fort heureusement les indigènes ne disposaient pas de fusils à tir rapide ; ils étaient mal armés et nullement disciplinés ; enfin, l'entente ne put s'établir entre les habitants de Ouosso et ceux de Toumodi. Le Baoulé tout entier ne se souleva pas, comme ils l'avaient espéré : aussi, après un suprême effort tenté par eux dans les journées du 4 et du 5 février, les hostilités furent-elles suspendues.

Le 22 février, Akafou, le grand chef de la révolte, vint faire sa soumission à M. le commandant Caudrelier.

Pendant ce temps, la colonne, partie de Toumodi le 15 février, continuait sa route vers le Nord et atteignait le poste de Kodiokofikrou, situé à 300 kilomètres de la côte.

Presque aussitôt après, le 22 février, M. le commandant supérieur, ayant organisé tous les postes militaires de la région (Thiassalé, Brimbo, Singonobo, Ouosso, Toumodi, Angoukakrou et Kodiokofikrou), se lançait, par une marche rapide, au sein des pays menacés et déjà envahis par Samory.

La rencontre eut lieu dans le voisinage de Sattama. Les colonnes ennemies étaient nombreuses et admirablement organisées; l'almamy disposait de six à huit mille fusils, dont quinze cents à deux mille à tir rapide. Entre Sattama et Sokola-Dioulassou, le contact fut permanent; il y eut parfois plusieurs combats livrés dans une même journée.

Les chiffres officiels accusent pendant cette période : 12 tués, 42 blessés, dont 4 européens; M. le colonel Monteil fut lui-même grièvement blessé à la jambe.

Les négociations engagées pour traiter avec Samory n'ayant pas abouti, les hostilités reprirent leur cours.

A ce moment, le commandant supérieur reçut à Sattama l'avis de la dislocation de la colonne; il revint à Kodiokofi afin de transmettre le commandement des troupes à M. le chef de bataillon Caudrelier.

Quatre ou cinq mille Dioulas, abandonnant leur pays, suivirent la colonne, qui eut encore de nombreux combats à livrer aux bandes de Samory jusqu'au passage du N'Zi, à 60 kilomètres de Kodiokofi. Derrière cette rivière, il fallut recommencer la guerre de brousse sur un parcours de 40 kilomètres avec les Zipouris.

Ce fut la fin de la campagne; la transmission des pouvoirs eut lieu le 30 mars à Kodiokofikourou.

M. le commandant Caudrelier, qui avait pour mission de continuer la marche sur Kong (1), nous ayant chargés, M. le docteur Réjou et moi, d'examiner tous les Européens sans exception, et de lui donner la liste de ceux qui étaient encore en état de faire colonne, nous arrivâmes, après un minutieux examen, à cette conclusion que pas un officier, pas un sous-officier n'étaient en état de reprendre immédiatement la colonne. Plusieurs étaient agonisants ou dans un état de santé très inquiétant. Pour la plupart, le rapatriement s'imposait. Quatre lieutenants d'infanterie de marine seulement furent jugés aptes à reprendre la colonne après une période de repos à la côte.

M. le commandant Caudrelier, se trouvant dans l'impossibilité d'organiser ses deux compagnies, décida le retour à Grand-Lahou de toutes les troupes.

Confiant à mes soins tous les malades et blessés qui ne pouvaient être transportés, la colonne expéditionnaire quitta Kodiokofikourou le 31 mars.

Un mois après, je formais un convoi d'évacuation et ramenais

---

(1) Mais avec deux compagnies seulement.

à la côte les derniers malades et blessés qui furent ensuite rapatriés dans leurs foyers.

En résumé, l'histoire de la colonne expéditionnaire de Kong se compose de trois séries de combats.

La première se passe autour de Bounoua, dans l'Akapless, et dure du 8 au 17 novembre.

La seconde a pour siège le pays des N'Gouans, dans le Baoulé, entre Pokosiabo et Moronou ; elle commence dans les derniers jours de décembre et prend fin le 5 février.

La troisième série de combats, livrés à Samory, a pour théâtre tout le pays qui s'étend entre le N'Zi et Sokola-Dioulassou, sur un parcours de plus de 200 kilomètres ; elle débute le 27 février et se termine le 29 mars.

II. — Organisation du service médical et des ambulances. Personnel. Matériel. — Le personnel médical de la colonne expéditionnaire se composait de deux médecins de 1re classe, le docteur Thomas et moi, d'un médecin de 2e classe, le docteur Réjou. Le docteur Mille, médecin de 2e classe, en service à Grand-Bassam, nous fut adjoint le 22 janvier.

Les infirmiers étaient peu nombreux : au début, le docteur Thomas disposait seulement d'un caporal infirmier et d'un infirmier noir qu'il avait engagé ; au mois de novembre arriva un infirmier-major, qui dut être rapatrié dans le courant de mars pour raison de santé.

Le docteur Thomas recueillit et soigna les blessés sur le champ de bataille de Bounoua, suivit la colonne dans le Baoulé et assista aux premières hostilités. Epuisé par la dysenterie, il dut venir se reposer à l'ambulance de Grand-Lahou dont il prit la direction.

Le docteur Réjou, attaché au bataillon de tirailleurs sénégalais, partit le premier de Grand-Bassam et suivit les troupes de première ligne pendant toute la campagne, malgré la dysenterie dont il était lui aussi atteint.

Le docteur Mille resta chargé de l'ambulance de Grand-Lahou.

Pour ma part, j'eus ce qu'on pourrait nommer le service des hôpitaux de campagne ; je fus successivement appelé à diriger toutes les ambulances excepté celle de Thiassalé. J'eus à soigner : à Grand-Lahou, les blessés évacués de Bounoua ; à Singonobo et à Ouosso, les blessés du Baoulé ; à Kodiokofikrou, les blessés de la dernière colonne que je ramenai ensuite à la côte.

J'essaierai donc de donner un aperçu de l'installation des troupes et de l'organisation des ambulances dans ces différents postes.

1° *Grand-Lahou.* — Grand-Lahou fut la base d'opérations de la colonne, le grand centre de ravitaillement.

C'est une simple dune de 200 mètres de largeur, bordée au nord par la lagune, au sud par l'Océan, à l'est par le Bandama, à l'ouest par la forêt.

Sur cette bande de sable, une factorerie française, la maison Verdier et trois factoreries anglaises ont établi des comptoirs. Quelques villages indigènes de peu d'importance se dressent aux alentours.

Dans le courant du mois d'octobre, on avait fait construire une vingtaine de cases destinées à servir de logements aux troupes qui allaient débarquer et à la garnison de Grand-Lahou, tout un campement provisoire, des magasins pour les vivres, des hangars pour les chevaux.

Ces maisons, bâties, suivant la mode indigène, avec des bambous serrés les uns contre les autres, et recouvertes de feuilles de palmier tressées, eussent été très pratiques en été si elles avaient eu double paroi, double toit ; malheureusement. le temps pressait, il avait fallu faire vite, et les toitures à jour laissaient également filtrer la pluie et le soleil.

A notre arrivée, le 27 octobre, on s'occupa de débroussailler autour du camp, de creuser des puits, de faire des filtres. des latrines.

La question de l'eau fut longue et difficile à résoudre ; l'eau de la lagune, dont on se servit au début (elle était encore douce à cette époque), était trouble, avait une odeur et une saveur désagréables, et contenait une grande quantité de matières organiques ; les filtres à sable et à charbon rendirent peu de services ; ils exhalaient, au bout de peu de temps, une odeur repoussante. L'alunage ne pouvait être largement pratiqué, à cause de la quantité très minime d'alun dont nous disposions alors. Enfin, il n'était point aisé de creuser des puits ; outre les éboulements qui se produisent à chaque instant, il est très difficile de creuser dans le sable à une certaine profondeur au-dessous de la couche d'eau souterraine, cette eau entraînant toujours avec elle une grande quantité de matières solides.

Quelques petits filtres personnels furent, pour nous, pendant cette période, de la plus grande utilité.

Après bien des efforts, on réussit à superposer trois grands ponchons à huile, préalablement désinfectés, dans un trou d'une profondeur de 4ᵐ,50, et l'on obtint ainsi de l'eau à peu près potable. Cependant, l'augmentation des effectifs ne tarda pas à le rendre insuffisant ; il fallut en creuser un autre semblable à côté.

A l'aide de ces deux puits, que l'on prit soin de vider et de nettoyer presque chaque semaine, le poste de Grand-Lahou fut suffisamment approvisionné d'eau potable.

Les conditions les plus favorables se trouvèrent réunies après que nous eûmes reçu de France, le 2 décembre, un grand filtre Chamberland à 50 bougies, qui assurait un débit largement suffisant.

A la fin de la saison sèche, l'eau de la lagune devint saumâtre ; il fallut aller à la recherche d'une source, que l'on découvrit à plusieurs kilomètres de Grand-Lahou ; une équipe de piroguiers dut être spécialement affectée à l'apport de l'eau, que l'on faisait ensuite filtrer à travers les bougies du grand Chamberland.

Dès notre arrivée, nous fîmes installer, comme latrines, de petites paillottes munies de tinettes mobiles, et les feuillées furent proscrites, de façon à éviter la contamination des eaux par les matières fécales. Les barriques utilisées pour ce service étaient, deux fois par jour, vidées et lavées à la mer ; chaque matin, on les désinfectait à l'eau phéniquée et au chlorure de chaux; et, afin d'obliger les tirailleurs à s'en servir, on fit débroussailler le plus loin possible autour du camp.

L'installation de l'ambulance, d'abord assez sommaire, s'améliora peu à peu, à mesure que le service prit une plus grande importance. Les malades furent d'abord logés dans un des compartiments d'une paillotte ; plus tard, l'infirmerie occupa une case tout entière, dont on fit abattre les cloisons intérieures afin de rendre plus libre la circulation de l'air. Les Européens étaient soignés chez eux ; on avait fait construire à leur intention un certain nombre de taras par les tirailleurs sénégalais. Cette paillotte, dont nous étions obligés de nous contenter faute de mieux, était loin de nous satisfaire ; elle présentait de grands inconvénients : le sable et les poussières salissaient les plaies et les objets de pansement, et, réciproquement, les matières purulentes et les déjections de tirailleurs peu soigneux se mélangeaient au sable. Il était impossible d'obtenir, dans ces cases obscures, une propreté chirurgicale même sommaire ; pour avoir du jour et pour éviter de laisser tomber sur le sol les objets qui s'étaient trouvés au contact des plaies, j'étais obligé de faire les pansements en plein air.

A ce moment, je n'avais pour infirmier qu'un tirailleur quelconque pris dans la compagnie de haoussas.

Le matériel destiné à l'ambulance fixe de la colonne fut débarqué à Grand-Lahou par le *Thibet*, le 11 novembre, et par le *Kabyle*, le 22 du même mois.

Le 24 novembre, je reçus l'autorisation d'occuper une tente Tollet, qui avait été dressée à l'ouest du camp, un peu à l'écart. Vaste, largement aérée, pourvue d'un parquet en bambous tout tapissé de nattes, elle servit d'infirmerie jusqu'à la fin de la colonne ; on construisit, à proximité, une cuisine et des latrines.

Après mon départ, les évacués arrivant en foule, le docteur Thomas fit dresser une seconde tente Tollet derrière la première.

A la Côte d'Ivoire, les Européens n'eurent pas trop à souffrir de la chaleur sous la tente Tollet : la température maximum ne dépassait guère 27 degrés pendant la saison fraîche ; à la fin de notre séjour, elle atteignait 32 et 33 degrés. Mais les grandes brises du large entretenaient une fraîcheur constante ; la nuit, on était obligé de fermer soigneusement les rideaux de la tente.

Le seul reproche que nous adressions aux tentes Tollet est l'existence de fenêtres, absolument inutiles aux colonies ; on ne peut, en effet, les ouvrir, à cause du soleil et de la réverbération. La toile mince qui ferme ces ouvertures se laisse plus facilement traverser par la lumière et la chaleur ; en outre, la fermeture n'est jamais hermétique : au moment des grandes pluies, des tornades, la tente est inondée. Il faudrait supprimer complètement ces ouvertures, se contenter d'une toile de tente unie d'un bout à l'autre. L'aération est largement assurée par la possibilité de relever les deux vérandas, en totalité ou en partie. Les fenêtres ne sont qu'un ornement nuisible.

Pour atténuer la chaleur sous la tente, nous avions demandé de la recouvrir d'un toit de paillotte distant du faîte de 0^m,50. Ce travail, un peu long, eût été, je crois, très réalisable ; il deviendrait très facile à exécuter si l'armature de la tente était munie, sur la ligne de faîtage, de trois ou quatre godets dans lesquels on implanterait les fourches destinées à supporter le toit de paillotte.

Nous renonçâmes à ce projet en apprenant que deux baraques Espitalier nous arriveraient prochainement.

Le matériel de ces deux baraques fut, en effet, débarqué à Grand-Labou le 20 décembre, dans des conditions désastreuses ; la barre était particulièrement mauvaise ce jour-là ; toutes les tiges de fer, arbalétriers, montants, longerons, qui avaient été rangées en séries étiquetées, nous arrivaient tordues, mélangées les unes aux autres ; quatre gros colis restèrent dans la barre.

Nous n'avions autour de nous aucun ouvrier, aucun homme compétent. M. Lemblin, le mécanicien de la chaloupe à vapeur, déclara qu'il pourrait, peut-être, monter une baraque, mais il était indispensable de lui fournir le plan. Or, le plan fut introuvable. Nous ne pûmes nous procurer que la nomenclature des pièces. A l'aide de cette nomenclature, j'établis une classification en séparant, dans la mesure du possible, ce qui appartenait à l'une et à l'autre baraque. M. le capitaine Coüé, commandant d'armes, ayant bien voulu me prêter le concours de ses tirailleurs et surtout son propre concours, nous entreprîmes la construction d'une baraque, travail gigantesque pour nous. Nous ne connaissions même pas la forme de la maison, l'orientation à lui donner ; nous n'avions aucune idée de l'engrenage de ces lourdes pièces, dont il fallait deviner les noms ; les détails les plus simples devenaient un problème dont la solution n'était point aisée. En outre, il fallait tout faire soi-même ; les tirailleurs étaient incapables de poser une vis sans la fausser.

Le 21 janvier, au moment de mon départ de Grand-Lahou, nous avions réussi, après bien des tâtonnements, à dresser l'ossature en fer de cette baraque et à poser les planchers. Le docteur Mille en reprit la construction un peu plus tard ; enfin, elle fut terminée par les soins du génie et inaugurée le 23 mai.

Longue de 20 mètres, large de 10, élevée d'un mètre au-dessus du sol, pourvue d'une large vérandah circulaire, cette baraque nous paraissait très confortable. Bien que la toiture fût en tôle, la chaleur du milieu du jour se supportait aisément. L'aération et la ventilation se faisaient par les huit grandes portes de la salle et à travers les plafonds de coco, séparés du toit par un espace triangulaire. Les murs étaient formés d'une double paroi en toile métallique recouverte de carton comprimé. Les malades se déclaraient très satisfaits de cette installation.

Nous avions demandé et obtenu comme emplacement pour cette baraque une petite butte à peu près à égale distance de la lagune et de la mer, nous éloignant le plus possible de la lagune à cause des brouillards et des miasmes, ne nous rapprochant pas trop de la mer à cause de l'humidité et des embruns. Le grand axe de la baraque était dirigé de l'est à l'ouest ; la façade, parallèle à la mer, faisait face au sud, direction des vents régnants.

La pharmacie et les magasins d'approvisionnement du service médical furent installés dans une paillotte.

Nous avions demandé, dès le début, que l'administration de notre ambulance nous fût confiée, de façon qu'il nous fût possible de donner une nourriture appropriée au genre de maladie. Mais le régime de l'infirmerie-ambulance fut maintenu pendant toute la durée de la colonne : les malades étaient placés en subsistance à une compagnie déterminée et touchaient la ration ordinaire.

Un soin minutieux avait été apporté à la préparation et à

l'organisation de notre matériel d'ambulance; tous les besoins du service de santé en campagne avaient été prévus.

L'ambulance fixe de Grand-Lahou reçut en outre : 12 lits complets, des objets de pansement en assez grande quantité, une caisse d'instruments de chirurgie, une boîte d'instruments pour les autopsies, des instruments divers : bistouris, pinces, ciseaux, sondes, stylets, seringues de Pravaz, thermo-cautères ; des vêtements pour les malades, de la vaisselle, des verres, des pots à tisane, des couverts, un grand fourneau et de la batterie de cuisine, des seaux, des brocs et des baignoires, des photophores, des lampes et des fanaux, des caisses de lait, de conserves, de confitures, de banyuls, de vin de quinquina, de bière, d'eau de Vichy, un appareil Carré, à ammoniaque, pour la fabrication de la glace; un filtre à cinquante bougies ; tout un matériel d'hôpital et de pharmacie.

La seule observation que nous ayons à faire au sujet de ces approvisionnements est la nécessité d'augmenter les substances ci-après : sulfate de soude, racine d'ipéca, teinture de quinquina. Ces médicaments ont été vite épuisés, et les courriers qui passaient à Grand-Lahou ne pouvaient nous en fournir une quantité suffisante. Je ne crois pas exagérer en estimant l'approvisionnement nécessaire pour une colonne de 1.200 hommes à 100 kilog. de sulfate de soude, 50 kilog. de sulfate de magnésie et 25 kilog. de racine d'ipéca.

La gaze iodoformée était aussi en trop petite quantité : six boîtes seulement.

Quelques solutions de caféine pour injections hypodermiques rendraient de grands services. En marche, ces solutions sont difficiles à préparer, et l'on n'a pas toujours sous la main les médicaments nécessaires.

La quantité de lait consommée fut, en moyenne, de dix caisses par mois. Le lait stérilisé Gallia et le lait pasteurisé, plus agréables au goût, sont très utiles à la base de ravitaillement ; mais le lait condensé est préférable en colonne : il permet d'emporter un plus grand approvisionnement sous un plus petit volume.

Dès que le matériel d'ambulance fut arrivé à Grand-Lahou, j'installai les lits et les taras dans la grande tente Tollet, et je m'occupai aussitôt de la préparation et de l'expédition du matériel destiné à l'ambulance de la colonne. Trente-sept colis furent expédiés à Thiassalé le 15 décembre, presque toutes les cantines médicales et un approvisionnement supplémentaire des médicaments les plus urgents, tels que : sulfate de quinine, sulfate de soude, ipéca, alun, chlorure de chaux, alcool, acide phénique, bichlorure de mercure, iodoforme, éther, etc.; quelques instruments, seringues, bistouris, plateaux à pansement ; des papiers et des imprimés, du savon, du lait, de l'eau de Vichy.

Ces petites cantines sont très pratiques et d'un transport facile soit sur les bâts, soit à tête d'homme ; mais leur mode de fermeture est défectueux : la plupart du temps, la serrure des cadenas ne fonctionne pas.

Du 28 novembre au 15 janvier, je fus secondé à l'ambulance de Grand-Lahou par l'infirmier-major Callas ; il était très au courant du service d'hôpital et même de pharmacie, et son concours me fut précieux. Vers le 15 janvier, il fut appelé à l'ambulance de Singonobo, où je le retrouvai peu de jours après.

2° *Thiassalé.* — Cette ambulance, que j'ai entrevue au passage, fut dirigée, après le départ de la colonne, par le docteur Mille, secondé par un caporal infirmier. Ce poste, situé en pleine forêt, sur la rive droite du Bandama, m'a paru assez malsain. Il est entouré de marigots, et de grands arbres lui interceptent la brise ; aussi y règne-t-il une chaleur lourde et humide. C'est un des postes où la mortalité fut le plus élevée, bien qu'il fût presque aussi largement ravitaillé que Grand-Lahou.

Les malades évacués sur la base d'opérations étaient transportés par pirogues, puis par chalands.

3° *Singonobo.* — Singonobo est un village situé à 32 kilomètres au nord de Thiassalé, à 200 mètres de la lisière de la forêt, au débouché d'une vaste plaine semée çà et là de rôniers et de bouquets d'arbres. Le rônier est une sorte de palmier-colonne ayant des feuilles en éventail, et dont la sève, appelée bambouc, constitue une boisson assez savoureuse. Très commun dans le pays, il abonde dans la plaine, comme le fromager dans la forêt.

Le sol est sablonneux et recouvert de hautes herbes qui rappellent l'aspect du foin ; toutefois, les feuilles sont plus larges, plus dures, plus rugueuses au toucher.

Ces pâturages, qui conviennent parfaitement aux bœufs et aux moutons, semblent beaucoup moins propres à l'alimentation des chevaux et des mulets, qui, au bout de fort peu de temps, furent presque tous atteints d'entérite.

Le village, assez important, était, paraît-il, fort riche; mais la plupart des habitants l'ont abandonné depuis l'occupation, emportant avec eux tous les animaux domestiques. A partir d'ici, il n'y a plus à compter sur les ressources du pays ; le poisson, les œufs, les volailles, deviennent d'une extrême rareté ; c'est à peine si nous pouvons parfois nous procurer des bananes, un ananas ou une papaye ; la seule chose que les indigènes nous apportent volontiers, ce sont les ignames; le manioc et le bambouc, que nous échangeons contre des boîtes de conserves ou des bouteilles vides.

En raison des difficultés de l'approvisionnement, le commandant supérieur décida qu'à partir de ce moment tous les officiers toucheraient la ration n° 2, qui comporte, outre la ration n° 1, un peu d'huile, de vinaigre, de graisse, de poivre, de thé, des haricots ou du riz trois fois par semaine, des sardines le dimanche. Cette mesure excellente reçut son application toutes les fois que les difficultés du ravitaillement n'y mirent point obstacle. Mais l'ère des privations commençait : déjà la ration de vin était remplacée, deux jours sur trois, par une distribution de 15 centilitres de tafia.

Le camp était alors établi dans un bas-fond, à 100 mètres du village, dont une partie était encore occupée par les magasins, l'ambulance, le logement du commissaire et du médecin.

Les hostilités avaient commencé à quelques kilomètres de Singonobo ; les habitants de ce village avaient sans doute participé aux embuscades ; il était encore nécessaire d'exercer sur eux une étroite surveillance. M. le capitaine Gasse, commandant du poste, qui avait été chargé de construire le campement définitif, voulut bien s'entendre avec moi pour l'emplacement à choisir et le plan des locaux.

A 500 mètres du village se trouvait un vaste plateau très bien aéré, sur lequel on construisit quatre grandes cases de 15 mètres de long sur 5 mètres de large et 5 mètres de haut, disposées deux par deux, face au sud. L'une de ces cases était destinée aux Européens, une autre aux tirailleurs; la troisième devait servir d'ambulance, la quatrième de magasin. Une palissade de 50 mètres de long sur 30 mètres de large, flanquée de deux bastions, complétait le réduit. Dans l'un de ces bastions, on construisit un superbe four à pain, dont le moule avait été fourni par un de ces immenses vases en terre cuite dont les indigènes se servent pour ramasser leurs provisions d'hivernage.

En attendant que ces constructions fussent terminées, l'ambulance était installée dans une grande case du village, bâtisse circulaire en torchis et paillotte, avec une vaste cour intérieure. Toutes ces maisons, disposées en arène, sont construites avec beaucoup de soin ; les toitures, très hautes et très épaisses, retombent jusqu'à 70 ou 80 centimètres du sol ; seule, la porte d'entrée est un peu dégagée. Le soleil et la pluie ne sauraient pénétrer dans ces réduits, divisés à l'intérieur en un grand nombre de petites loges. Tout un fouillis de cases plus petites est groupé autour de la maison principale.

Les seuls inconvénients de ces logements sont le défaut d'aération et la difficulté d'entretenir une propreté rigoureuse dans cette série de loges. Cependant, je n'eus aucun accident chirurgical à déplorer soit chez les blessés, soit chez les opérés, bien que la moyenne des malades en traitement fût assez élevée relativement aux dimensions du local (environ 20 par jour).

A Singonobo, il n'y avait pas d'eau; on était obligé d'envoyer les mulets deux fois par jour au Bandama distant de 2 kilom. et demi, pour chercher la provision d'eau nécessaire. Le puits creusé près du camp ne donnait qu'un liquide boueux qui devait contenir de l'argile et des silicates en abondance. L'eau du Bandama était, au contraire, assez limpide et propre aux usages domestiques ; d'ailleurs, nous prenions toujours la précaution de la filtrer au moyen de notre appareil à dix bougies et à pompe aspirante. Malheureusement, le nombre des mulets étant très restreint, cette eau était distribuée avec une grande parcimonie.

Des latrines avaient été installées en nombre suffisant à une certaine distance du camp et de l'ambulance.

Enfin, nous avions fait nettoyer et débroussailler le plus loin possible autour de nous.

L'évacuation des malades sur Thiassalé se faisait à l'aide des mulets ou à l'aide de nos brancards d'ambulance portés à tête d'hommes.

Pendant mon séjour à Singonobo, j'eus à renouveler l'approvisionnement médical des troupes de première ligne.

Le 12 février, laissant l'ambulance de Singonobo aussi bien organisée que possible, sous la direction d'un infirmier-major, je me transportai à Ouosso avec tout le matériel de la portion centrale.

4° *Ouosso.* — La route de Singonobo à Ouosso traverse d'abord d'immenses plaines de rôniers au milieu desquels on trouve plusieurs villages actuellement en ruines et complètement abandonnés; puis le pays change un peu d'aspect; le nombre des rôniers diminue et la plaine est semée d'épais bouquets d'arbres entourés d'une brousse impénétrable. Parfois, on suit la lisière du bois, parfois on le traverse; on croirait par moment qu'on va retomber dans la forêt. C'est au milieu de ces fourrés que les N'Gouans dressaient des embuscades à tous les convois.

Ouosso était incontestablement le plus malsain de tous les postes ; les exigences de la guerre avaient nécessité l'établissement du réduit sur l'emplacement même du village en partie rasé.

Il avait fallu tout d'abord élargir le champ de tir, couper les grands arbres, défricher toute une petite forêt dans laquelle les indigènes s'abritaient, se postaient à l'affût pour tirer sur tous ceux qui sortaient du poste. Il avait fallu niveler le terrain et porter au loin tous les débris de démolition. A mon arrivée, le capitaine Devrez, commandant du poste, commençait à peine sa palissade ; deux grands hangars avaient été construits, l'un pour les officiers, l'autre pour les sapeurs ; les artilleurs se construisaient à leur tour une case assez confortable ; les autres Européens et les indigènes étaient logés dans les anciennes paillottes du village qui n'avaient pas encore été démolies.

Deux de ces paillottes avaient été affectées au service de l'ambulance ; mais la proportion des malades étant pour les Européens de 50 p. 100, sans parler des indigènes et des évacués que nous recevions sans cesse des postes du haut, elles ne tardèrent pas à devenir insuffisantes et les malades furent logés un peu partout. La case des artilleurs et celle des sapeurs étaient tour à tour transformées en infirmerie ; aussi peut-on dire que le camp était un vaste hôpital. Les accès de fièvre, très fréquents, éclataient avec une grande violence ; la dysenterie et la bilieuse hématurique sévissaient ; très peu d'hommes furent épargnés.

Les travaux de nettoyage et d'assainissement, la construction du four, des latrines, l'achèvement de la palissade et du mirador occupèrent les tirailleurs pendant tout mon séjour à Ouosso ; la construction de cases solides et durables ne fut commencée qu'un peu plus tard.

Le ravitaillement se faisait assez facilement entre Singorobo et Ouosso, distants seulement de 24 kilomètres, grâce aux mulets et aux voitures Lefèvre : il existait entre les deux postes un service régulier deux fois par semaine. On se procurait les ignames et le manioc dans les plantations abandonnées par les indigènes : parfois, on trouvait dans la brousse des bananes et des ananas.

Le manque de viande fraîche commençait à se faire cruellement sentir ; quelques troupeaux de six à huit bœufs, venant de Grand-Lahou, commençaient à passer, mais on les réservait pour les postes du haut, dont le ravitaillement devenait de plus en plus difficile, à mesure que le nombre des mulets diminuait. A la fin pourtant, je priai le commandant du poste d'en sacrifier deux : nous avions plusieurs convalescents dont le traitement devenait impossible faute de nourriture. Après une maladie grave, lorsque l'appétit commence à renaître, le biscuit et l'endaubage causent une répulsion invincible. Je crois qu'il serait nécessaire, dans les pays absolument dénués de ressources, d'approvisionner le service médical d'une certaine quantité de conserves consistant en bouillon, en purée, en poudres de viande ; on pourrait y ajouter quelques boîtes de poisson, de volaille.

Le commandant supérieur avait laissé dans les différents postes quelques caisses de conserves, en vue de constituer une réserve pour les hommes valides; mais on ne pouvait les considérer comme une base d'alimentation pour les convalescents.

L'eau qui servait à tous les usages domestiques était puisée dans le marigot voisin. D'abord composé de cascades successives, de petites mares séparées les unes des autres par des groupes de rochers, il ne tarda pas, à la suite de nombreux orages, à se transformer en une véritable rivière, et les eaux, presque limpides au début, prirent une teinte laiteuse. Les bougies du filtre se recouvrirent au bout de quelques heures d'un enduit gras et compact qui arrêtait la filtration. Le précipité obtenu par l'addition d'alun était très abondant ; mais, pour obtenir un liquide absolument limpide, il fallait un temps assez long, plusieurs heures. Nous procédions généralement à l'alunage de la façon suivante : le soir on remplissait d'eau les caisses à biscuits, réservées à cet usage ; dans chaque caisse on mettait une proportion de 0 gr. 150 de poudre d'alun par filtre. Nous avions ainsi le lendemain matin une eau très claire qui filtrait rapidement.

Quelques filtres contenant exclusivement de la poudre de charbon nous donnaient aussi de l'eau limpide et sans odeur.

Les convois d'évacuation se faisaient ordinairement par les mulets et les voitures Lefèvre; dans un cas spécial, j'eus recours à deux brancards que les tirailleurs portèrent jusqu'à Singorobo.

Les moyens de transport devenant de plus en plus rares, trois mulets seulement furent mis à ma disposition pour le matériel d'ambulance et mes bagages personnels.

5° *Kodiokofikourou.* — La route de Ouosso à Kodiokofikourou, longue de 150 kilomètres environ, traverse les villages de Domo, Doucikrou, Toumodi, Lomo, Angoakakou, Touniniamé et Alanikrou, et présente toujours à peu près le même aspect : de vastes plaines semées de rôniers et de petits arbres rabougris dont les bourgeons ne sont pas encore ouverts à cette époque de l'année. Tous les marigots sont garnis d'un épais rideau de brousse et de grands arbres. Autour de chaque village on trouve quelques traces de culture consistant en bananiers, manioc, coton, tomate, piment, maïs qui poussent pêle-mêle dans un espace très restreint. C'est la saison de la récolte des ignames; le liseron est mort, sa tige s'est desséchée sur les bambous qui lui servent de support; on trouve les racines sous des buttes de terre espacées de 0 m. 50 les unes des autres.

Le palmier donne l'huile qui sert pour l'éclairage et la cuisine, le vin et le chou.

Le rônier donne seulement le bambouc; son fruit, de la grosseur d'un coco, est filandreux et peu apprécié des noirs.

Telles sont, à peu près, les seules productions du pays. En se rapprochant de Kodiokofi, on trouve des arachides, du riz dont le grain est petit et rouge, la noix de kola et le karité ; mais ces produits sont encore très rares.

Dans certains villages, on fabrique de la poterie, on tisse des pagnes de coton, on travaille le fer et les métaux. Avec les boîtes de riz ou d'endaubage, hommes et femmes se font des bracelets assez bien martelés.

Chez certains chefs, on voit de petits bancs ornés de sculptures originales.

Entre Toumodi et Angoakakrou, le paysage prend un aspect très pittoresque. La rivière Kan traverse la route, coulant de l'ouest à l'est, dans la direction du N'Zi, au milieu d'une immense vallée dont la rive droite est occupée par des collines rocheuses.

Le poste de Kodiokofi, construit par M. Nebout, administrateur, se compose d'une série de cases en torchis et paillottes, alignées autour d'une cour carrée de 100 mètres de côté. Au milieu de cette cour, se trouve un petit réduit construit par le capitaine Desperles. Avec ses douves, ses bastions arrondis et ses retranchements surmontés de pieux épointés, ses créneaux disposés de distance en distance et son mirador armé d'un canon de 42 millimètres, ses ponts-levis et sa tourelle de 9 mètres de haut, ce réduit offre l'aspect d'un vieux donjon. Quatre paillottes occupent l'intérieur du fortin; un puits de 8 mètres de profondeur a été creusé dans l'un des bastions.

Ces locaux, destinés à recevoir le personnel du poste en cas d'attaque, étaient utilisés comme magasins. Les hommes étaient logés dans les vastes paillottes du poste. Les meilleures conditions d'hygiène, de propreté et d'aération se trouvaient ainsi réunies.

A notre arrivée à Kodiokofi, le 24 mars, comptant rejoindre la colonne, nous avions d'abord évacué les malades et complété l'approvisionnement médical du poste ; mais, après la première étape, un courrier nous apprit que le commandant supérieur revenait avec toutes les troupes à Kodiokofi, où il comptait remettre le service à son successeur. Il fallut donc retourner en arrière et faire tous les préparatifs pour recevoir les malades et les blessés de la colonne, qui arriva presque aussitôt que nous.

Deux grandes paillottes mises à notre disposition furent affectées l'une aux indigènes, l'autre aux Européens. La literie se composait d'une couverture étalée sur une épaisse couche de paille ; plusieurs officiers préféraient d'ailleurs ce mode de couchage au lit de camp.

Après le départ de la colonne, qui emmenait avec elle tous les blessés en état de marcher, le poste tout entier fut mis à notre disposition, et presque tous les Européens eurent chacun leur logement particulier.

La question de l'eau nous suscita encore bien des difficultés ; les orages étaient très fréquents, mais la saison des pluies n'était pas encore établie; aussi l'eau était-elle presque immédiatement absorbée par le sol. Le puits était souvent à sec ou ne contenait plus que de la boue ; les 4.000 Dioulas campés auprès de nous souillaient tous les marigots voisins. Les bougies de notre filtre de campagne s'étaient, à la longue, imprégnées d'argile, qui communiquait à l'eau une odeur et une saveur désagréables ; elle conservait, de plus, après l'avoir traversé, une légère coloration laiteuse. On allait chercher l'eau de table à une assez grande distance, et, bien qu'un peu trouble, nous la buvions la plupart du temps sans la filtrer. Elle n'a jamais occasionné, parmi nous, ni dysenterie, ni diarrhée.

On peut dire, d'une façon générale, que l'état sanitaire était bon à Kodiokofi; cependant, j'avais hâte de ramener mes malades à la côte. La malpropreté, la misère et l'encombrement qui régnaient dans le camp dioula, où les cadavres restaient sans sépulture, les cas de variole grave qui sévissait parmi eux m'inspiraient de vives inquiétudes.

Dernier convoi d'évacuation. — Un convoi de ravitaillement composé de quatorze mulets nous parvint le 22 avril et m'amena mon successeur à l'ambulance de Kodiokofi, le docteur Legendre. Je formai aussitôt mon convoi d'évacuation et me mis en route le 24, emmenant tous les malades et blessés.

Un seul tirailleur avait dû être porté dans un hamac; d'autres se tenaient à cheval; quelques-uns se partageaient un mulet et le montaient à tour de rôle; d'autres enfin faisaient l'étape entière à pied.

Le convoi se composait d'une vingtaine de blessés, de trente hommes d'escorte (tirailleurs, conducteurs, ordonnances), cinquante porteurs et quatorze mulets.

M. Nebout, profitant de cette occasion qui s'offrait sans doute pour la dernière fois, me pria d'emmener jusqu'à Toumodi un millier de Dioulas qui devaient être répartis dans les villages du Baoulé.

Cette bande misérable, qu'il fallait conduire et protéger comme un vulgaire troupeau de moutons, faillit nous susciter de graves ennuis. Les indigènes, qui voyaient en eux des esclaves dociles et intelligents, cherchaient à les capturer tout le long de la route.

La queue de la colonne fut attaquée le premier jour par des gens de Lanikrou postés le long d'un bois. Les conducteurs sénégalais qui formaient l'arrière-garde ripostèrent. Il n'y eut heureusement aucun blessé de notre côté ; mais à partir de ce moment, protégeant avant tout mes blessés dans le cas d'une attaque possible, et gardant sous ma surveillance tous mes hommes d'escorte, parfois beaucoup trop belliqueux, je rassemblai tout mon personnel autour des malades, laissant les Dioulas suivre à leur guise. Je prenais seulement la précaution, en arrivant dans chaque village, de faire venir le chef pour lui expliquer qu'il serait rendu responsable de toute rixe entre ses hommes et les Dioulas.

A chaque instant, il fallait régler des palabres ; les chefs de village prétendaient que les Dioulas pillaient leurs plantations, et le chef des émigrants accusait les indigènes de lui voler, tout le long de la route, des femmes et des enfants.

Enfin, nous arrivâmes à Toumodi, sans autre incident, le 28 avril, et les Dioulas furent remis à M. Delafosse, administrateur.

Tous mes malades ayant bien supporté cette première partie du voyage, nous ne prîmes aucun repos à Toumodi, à cause de l'état des mulets, qui pouvaient nous faire défaut d'un jour à l'autre. Quelques malades du poste de Toumodi se joignirent à notre convoi; deux malades atteints d'ulcères graves des membres inférieurs durent être portés sur des brancards de fortune.

Le 29, nous reprenions la route avec 74 porteurs, et nous arrivions le 30 à Ouosso. Là, je pus échanger les civières contre des brancards d'ambulance, et les blessés éprouvèrent de ce fait un grand soulagement.

De nouveaux malades pris à Ouosso et à Singonobo grossirent encore le convoi, qui venait de perdre deux mulets. Heureusement, quelques plaies s'étaient cicatrisées pendant le trajet, et nous eûmes la chance de ne laisser personne en arrière.

Le 3 mai, le convoi atteignait Thiassalé; le 4, nous réunissions toutes les pirogues disponibles (cinq en tout), et nous descendions le Bandama emmenant avec nous tous les blessés dont l'état réclamait encore des soins continus. Les autres malades devaient suivre quelques jours après, au retour des pirogues. Ce jour-là, on parvint à l'étape à 7 heures du soir ; il fallut faire les pansements à la lueur d'une bougie.

Le 5 mai, nous débarquions enfin à Grand-Lahou, dont l'ambulance était dirigée à ce moment par le docteur Tauvet.

III. — Au milieu de tous ces déplacements, il m'a été difficile de réunir des chiffres de statistique absolument précis, des obser-

vations complètes. Les chiffres suivants donneront une idée, sinon
rigoureusement exacte, du moins très approximative des pertes
subies pendant cette campagne, de la mortalité et de la morbidité
observées par nous.

Le tableau ci-dessous nous donne les effectifs de la colonne
expéditionnaire :

	OFFICIERS.	SOUS-OFFICIERS et SOLDATS européens.	INDIGÈNES.
État-major.........................	16	8	15
Tirailleurs sénégalais..............	19	59	610
Tirailleurs haoussas...............	7	25	218
Batterie de 42ᵐᵐ...................	1	17	»
Batterie de 80ᵐᵐ...................	3	33	38
Conducteurs sénégalais............	2	2	80
Spahis sénégalais..................	2	8	42
Génie.............................	1	14	»
TOTAUX..............	51	166	1003

Le tableau suivant nous donne l'ensemble des pertes et des
invalidations à la suite de blessures ou de maladies :

	OFFICIERS.	SOUS-OFFICIERS et SOLDATS européens.	INDIGÈNES.
Tués.............................	»	2	39
Morts de maladie.................	5	13	22
Blessés...........................	11	10	173
Rapatriés pour blessures ou pour cause de santé..................	2	46	48

Dans ce tableau nous n'avons fait figurer ni les blessures lé-
gères, érosions ou contusions, ni les hommes qui ont été blessés
à différentes reprises. La 10ᵉ compagnie de tirailleurs sénégalais
comptait à elle seule plus de 200 blessures pour un effectif total
de 125 hommes.

Parmi les rapatriés, nous ne comptons pas ceux qui ont reçu l'ordre de rentrer en France à la fin de la colonne et dont l'état de santé avait cependant exigé la délivrance d'un congé de convalescence.

Le 28 mai, il ne restait plus à la Côte d'Ivoire que 11 officiers et 11 sous-officiers ayant fait partie de la colonne expéditionnaire. On voit donc que les chiffres précédents sont au-dessous de la réalité. En les prenant pour base d'évaluation, nous arrivons au pourcentage suivant :

	OFFICIERS.	SOUS-OFFICIERS et SOLDATS européens.	INDIGÈNES.
Tués................................	»	1,2 0/0	3,9 0/0
Morts de maladie....................	10 0/0	7,8 0/0	2,2 0/0
Blessés............................	19 0/0	5,4 0/0	17,3 0/0
Rapatriés pour blessures ou pour cause de santé....................	4 0/0	27,7 0/0	4,8 0/0

Il n'est guère possible d'établir le nombre des indigènes qui furent rapatriés ; à la fin de la campagne on fit rentrer deux compagnies au Sénégal, et l'on choisit naturellement, pour les former, les hommes les plus fatigués et ceux qui avaient été blessés.

Les pertes subies par les troupes européennes de différentes armes nous sont données par le tableau ci-après :

	EFFECTIF.	DÉCÉDÉS.	RAPATRIÉS.	POURCENTAGE des	
				DÉCÉDÉS.	RAPATRIÉS
État-major........................	24	1	3	4,1 0/0	12,2 0/0
Tirailleurs sénégalais..............	68	12	17	17,6 0/0	25,6 0/0
Tirailleurs haoussas...............	32	1	1	3,1 0/0	3,1 0/0
Artillerie.........................	58	3	20	5,1 0/0	34,5 0/0
Génie.............................	15	1	3	6,6 0/0	20 0/0
Spahis	10	2	4	20 0/0	40 0/0

Il est bon de rappeler que les tirailleurs haoussas furent renvoyés au Dahomey vers le mois de mars ; aussi n'avons-nous presque aucun renseignement sur les pertes subies par eux.

Cette unité mise à part, on voit que le maximum de résistance est offert par l'état-major ; la proportion morbide, qui semble très faible pour le génie, fut encore plus forte pour cette arme que pour les autres ; si les sapeurs n'avaient été rappelés en France au mois de mai, il eût fallu les rapatrier tous sans exception.

Si maintenant nous désirons faire un rapprochement entre la campagne de la Côte d'Ivoire et celle du Dahomey, nous arrivons, en prenant la moyenne des chiffres cités dans le rapport de M. le médecin en chef Rangé, au résultat suivant :

	DAHOMEY.		COTE D'IVOIRE.	
	EUROPÉENS.	INDIGÈNES.	EUROPÉENS.	INDIGÈNES.
Tués........................	1,6 0/0	0,7 0/0	0,9 0/0	3,9 9/0
Blessés.....................	8,1 0/0	6,4 0/0	9,6 0/0	17,3 0/0

Ainsi, pendant la colonne expéditionnaire de Kong, la proportion des indigènes blessés est trois fois, et la proportion des indigènes tués cinq fois supérieure à celle de la campagne du Dahomey.

La proportion des Européens blessés est aussi plus forte pendant la campagne 1894-95, et si la proportion des Européens tués est un peu moindre, il y a lieu de tenir compte de ce fait qu'à part cinquante artilleurs et quatorze sapeurs, il n'y avait pas de soldats européens, mais seulement des sous-officiers encadrant les troupes indigènes et quelques clairons.

Cette comparaison est éloquente et nous dispense de tout commentaire.

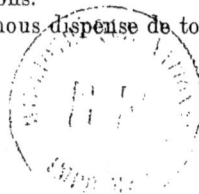

TABLE DES MATIÈRES

La Colonne de Kong.

Appendices.

Paris et Limoges. — Imprimerie militaire Henri CHARLES-LAVAUZELLE.

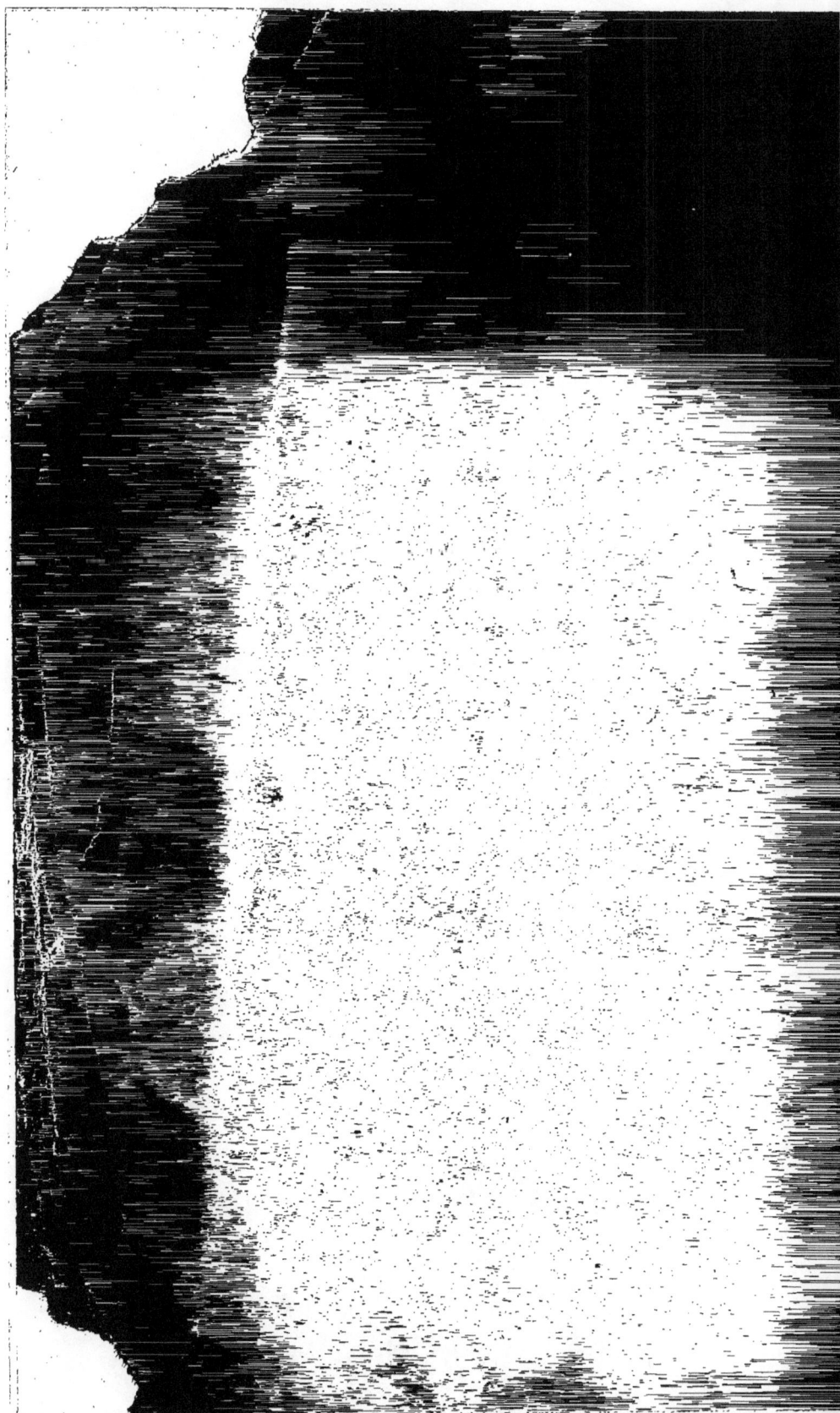

www.ingramcontent.com/pod-product-compliance
Lightning Source LLC
Chambersburg PA
CBHW071832090426
42737CB00012B/2234